24 LUNES POUR S'INCARNER

ISBN : 978-2-7029-2071-8

Design : PLMD (pleaseletmedesign)
Création maquette et mise en page : Pierre Smeets
Illustrations : Damien Aresta (@damienaa)
Imprimé en Espagne
Achevé d'imprimer sur les presses de Espacegrafic en octobre 2021.

www.editions-tredaniel.com
info@guytredaniel.fr
www.facebook.com/editions.tredaniel
@le_courrier_du_livre

Isabelle Elvira

aka

Holistic Zaza

24 LUNES POUR S'INCARNER

MON CARNET POUR VIVRE EN PHASE AVEC LES CYCLES LUNAIRES

LE COURRIER DU LIVRE

27, rue des Grands-Augustins

75006 Paris

Prologue

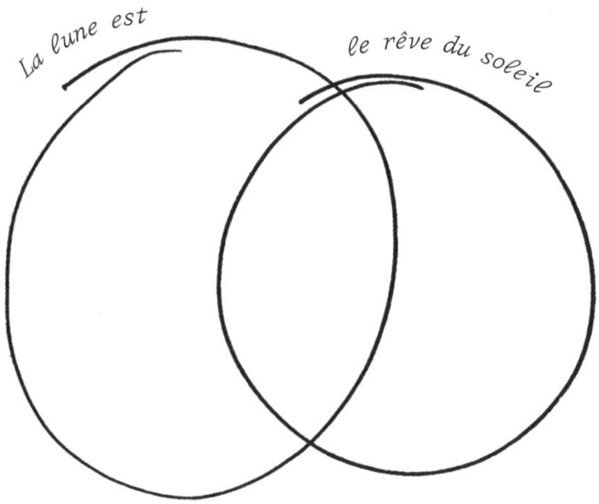

(Paul Klee)

Lune et l'autre

Depuis toujours, les hommes sur Terre ont associé la lumière à une source de vie, et donc Soleil et Lune comme faisant partie d'une même énergie, d'une même lueur, l'une pour la nuit, l'autre pour le jour.
Le Soleil, cœur du système solaire, est notre luminaire actif, source de toute vie animale et végétale. Il est aussi le cœur du thème astrologique, marqueur du signe solaire, celui qu'on connaît le plus, celui pour cette vie. Celui qui, pour cette incarnation, a été assimilé au principe actif, primaire. La journée, la chaleur, l'action, la manifestation, la création, la force et le mouvement : la vitalité.
Celui qui fait sortir de terre.
En fait, l'extériorisation, un principe Yang, masculin.

La lune est le luminaire passif. Garante des rêves. Celle qui nous rassure dans la nuit, qui veille sur le sommeil et la pénombre, des êtres et de la nature, quand tout est endormi. Changeante, inquiétante parfois, mouvante, imaginaire, reliée à l'ombre, aux refuges, aux grottes.
Donc à l'utérus, à l'enfance protégée, bercée dans la matrice, à la germination sous la terre.
La lune est associée à la fécondité de la femme et donc, au mystère, à l'invisible, à tout ce qui est sensible, magique, secret. Tout ce qui vit en dessous du réel, dans notre tête et dans notre cœur : les émotions.
Celle qui fait bouger les eaux.
En fait, l'intériorisation, un principe Yin, féminin.

Comme si le soleil régissait notre système biologique sympathique, nos muscles et dynamismes, qui fait qu'on peut poser un pied devant l'autre. Qui nous permet de survivre. Comme si la lune gérait le parasympathique, qui, entre autres, nous permet de respirer et de digérer. Qui nous permet de vivre.

Le père phallus soleil le jour, et la mère matrice lune la nuit.
Action et réflexion.
Animus et Anima.
Lumière et ombre.
Extériorisation et intériorisation.
Objectivité et affectivité.
Conscient et inconscient.

Un père symbolique donc, et sa mère symbolique, la petite femme lune derrière le grand homme soleil. Deux polarités d'un tout, en chacun·e de nous.
Ainsi le signe lunaire sera tout aussi important que le solaire, comme « moitié » émotionnelle, inconsciente, intérieure de l'être.
Ce sont nos besoins vitaux qui sont portés par l'astre de la pleine journée, et nos besoins émotionnels par l'astre de la nuit. En interdépendance absolue.
L'une ne grandit pas sans l'autre, l'un ne ressent pas sans l'une.

La lune est un principe de génération. Elle nous parle des émotions innées, subjectives, qui forment l'être. Une matrice inconsciente, ou plutôt subconsciente, qui va venir tirer les ficelles d'à peu près toute notre vie active, de tous les jours, par nos besoins émotionnels.
Son essence est de connaître et comprendre, puis de générer.
De l'émotion, du ressenti, des doutes aussi. Des rêves, car elle porte le développement du psychisme.
Ce pour quoi elle est rattachée à l'enfance, mais aussi à la mémoire, aux souvenirs qui forment notre personnalité affective, notre sensibilité.
Notre imagination.
La lune est nombreuse, elle endosse toute une palette de personnalités, de rôles de mère, de père, de femme, d'homme, d'enfant, d'amie, de peureux·se, d'amoureux·se.

La lune est changeante, c'est sa nature.
Elle reste deux jours et demi environ dans un signe dans une énergie spécifique, dans un douzième de notre ciel, de notre espace visible et connu.
C'est une planète rapide, en plus d'être un de nos deux luminaires, ceux qui nous éclairent.
La plus rapide de toutes. Celle qui éclaire dedans.
Alors c'est cela être lunatique ! Simplement suivre les phases lunaires, intenses, puissantes et changeantes, évolutives.

Les phases de la lune, nouvelle et pleine, sont d'importants moments pour tout être, depuis toujours.
Nous sommes en effet beaucoup plus réceptifs dans ces moments, comme connectés.
À des voyages mystérieux vers nos racines, nos fondations, nos mémoires placentaires ou karmiques, nos sentiments, nos craintes, nos illuminations, nos projections.
La lune est l'astre qui nous fait dire *Je me sens bien.*
Elle porte notre capacité à être en contact avec nos émotions et la face cachée du réel, du vécu terrestre, du quotidien, celle qui tire les ficelles de notre incarnation.
Par ses aspirations, ses souhaits et ses intentions.

Elle est liée aux cycles menstruels en définissant leur durée.
Pendant des millénaires, les femmes de l'humanité ont eu un cycle calé sur le cycle lunaire, 28 jours ou un peu plus.
Associée à la reproduction, à la maternité, à l'enfantement, elle porte le germe, la naissance de tout être, de toute chose, de tout projet, de toute relation, de toute pensée.
Une bonne énergie de la lune, qui circule de façon fluide, crée la douceur et le plaisir.
Dans le ventre, dehors et dedans.
Une lune femme et un soleil homme n'est pas qu'un

anthropomorphisme déplacé, car c'est de l'énergie lunaire dont nous parlons, le Yin, une force féminine présente en chacun et chacune de nous.
Son genre est féminin et peu importe son sexe, elle est le Yin qui génère, satellite du Yin qui nourrit, la terre. Face au Yang qui manifeste, le soleil.
Ce trio travaille ensemble au quotidien, nous sommes la terre, et souhaitons pendant la nuit avec la lune, ce que le soleil réalise le jour.

La lune est une dame de compagnie idéale ! Rassurante, ronde, discrète, protectrice, un soutien et une veilleuse dans la nuit noire, compagne de stratosphère.
L'inconscient collectif ne peut pas se passer de la lune, telle une mère.
La mère première, la mère céleste.
La mère des mers.
Car la lune fait bouger les eaux de la terre, en marées, avec le bonus phare dans la nuit, en humanités avec le pic de natalité observé à chaque fois qu'elle est pleine.
En effet, les eaux des humain·e·s, dont le corps en abrite 70% de sa masse et le cerveau 90%, sont aussi remuées. Eh oui, nos pensées baignent dans l'eau ! Celle que la lune agite.

Sans eau, pas de vie.
Sans lune, pas de vagues.

Mais ce que l'astre lunaire accompagne le plus, et depuis l'aube des temps, ce sont les cycles. De nombreuses civilisations ont, par le passé, et encore de nos jours, utilisé des calendriers sur le modèle lunaire, et non solaire comme le nôtre. Égyptien·ne·s, Babylonien·ne·s, Chinois·e·s encore aujourd'hui, peuple arabe. Un Orient fidèle à sa mère lune,

un Occident ayant pris le parti de calquer ses journées sur celles du soleil, et des 365 jours que nous mettons pour en faire le tour ; nos pieds bien sur terre.
La définition même de ce qui est cyclique pourrait tenir en 3 mots : « Comme la lune ».
Ses 28 jours, trois quarts de balade autour de la terre, de notre vécu matériel, de notre vie, soyons clairs, sont presque comme le mois, notre mesure solaire à nous.
Presque.
Plus physiologique et naturel, le cycle lunaire est donc le même que le cycle ovarien.
Une nouvelle lune de menstruations, une pleine lune d'ovulation 15 jours plus tard, une nouvelle lune qui recommence...

Les marins consultaient les éphémérides avant de prendre la mer, les femmes pour gérer leur fécondité, les cultivateurs avant de planter pour l'hiver, les apothicaires et médecins pour administrer potions et soins, les poètes pour se jouer de la réalité, les musiciens pour chanter, les loups pour hurler, le soleil pour absorber.
L'année pour se réguler, et ainsi, se générer.
En parfaite synchronicité dans cette réponse directe, facile et sincère (en chinois, le mot « facile » signifie aussi « sincère » et « fluide »), au dialogue homme-cosmos, afin d'établir une connexion entre nous et les cieux, entre ici-bas et tout là-haut.
Complémentaires, guidés, de l'univers intérieur à l'univers extérieur.
Mais avant l'année, il y a le mois, et avant le mois, la lunaison.
Et déjà, nous nous synchronisons...

Chapitre 1

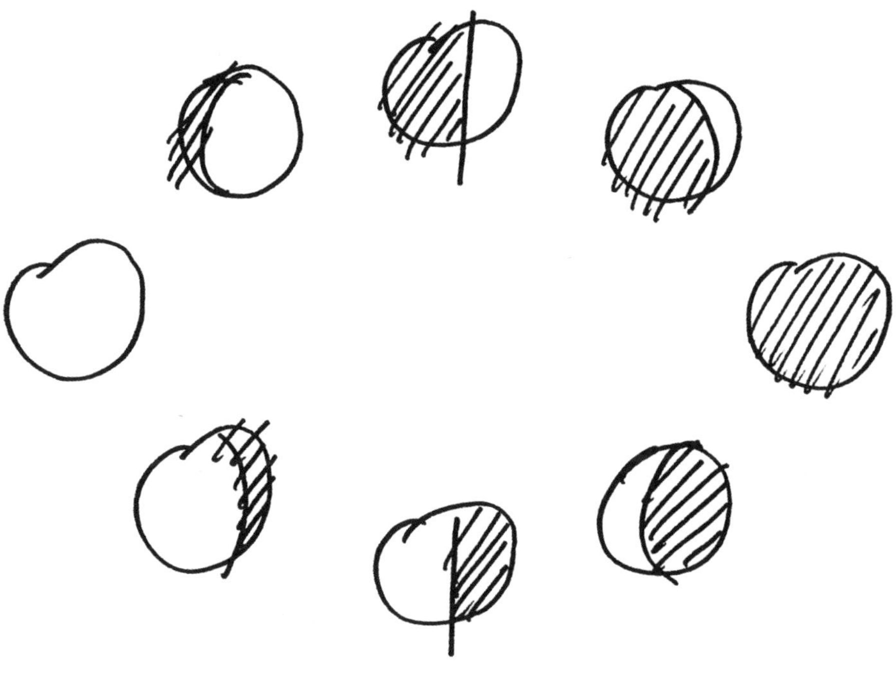

En phase, les 8 phases lunaires

Le cycle lunaire dure environ 29 jours.
Comme une vague, la lune progresse dans le mois, monte et descend, se cache et se montre au fil de ses phases.
Et comme elle est très rapide, cela change souvent mais facilement, naturellement.
Bien rodés, ses cycles nous installent dans des rythmes bien plus physiologiques que ceux du soleil.
En contrôlant nos eaux physiques (mers, océans, placentas, bains cellulaires, lymphe), elle influence grandement nos mouvements émotionnels.
Impacte, selon sa phase, notre créativité, notre envie, nos sentiments, ou au contraire, nos fatigues et besoins de replis, nos tensions.

En astronomie, la phase lunaire désigne une portion de Lune illuminée par le Soleil et vue à partir de la Terre. C'est en fait la partie visible de la Lune qui est orientée à la fois vers la Terre (nous) et vers le Soleil (notre source de vie). Puisque la Lune se déplace en orbite autour de la Terre, c'est son satellite, les phases lunaires changent d'une journée à l'autre, complétant un cycle au bout d'une lunaison. Les phases lunaires présentent à peu près toujours les mêmes parties visibles de la Lune d'un cycle à l'autre, et animent les 12 lunaisons qui composent l'année.

Une lunaison est l'équivalent d'un mois solaire, et chacune offre une énergie particulière.

Les phases qui la composent sont :

1 **La nouvelle lune**, quand la Lune et le Soleil sont en conjonction par rapport à la Terre, c'est-à-dire quand la Lune apparaît exactement entre le Soleil et la Terre, entre le Soleil et nous. On ne la voit alors pas pendant la nuit, mais en journée, et seule sa face cachée est illuminée.

2 **Le premier croissant**, quand la lumière augmente de plus en plus chaque jour jusqu'au premier quartier. À l'œil nu, il ressemble à une parenthèse de fin «) ».

3 **Le premier quartier**, qui est une demi-lune et marque le maximum de la phase croissante de lune ascendante. Si tu veux la reconnaître, c'est facile, regarde la lune et trace un trait imaginaire lui servant de pied, si elle forme un p, c'est le premier quartier « P ».

4 **La lune gibbeuse croissante** arrive quelques jours plus tard, lorsque la lune est presque pleine, aux trois quarts. Sa zone d'ombre forme un « C » à gauche.

5 **La pleine lune**, quand la Lune et le Soleil sont en opposition par rapport à la Terre (à nous). Sa face visible est totalement éclairée, et elle brille de mille feux au cœur de la nuit, remplie de la lumière du Soleil, pleine.

6 **La lune gibbeuse décroissante** arrive après la pleine lune. C'est alors que l'énergie et la luminosité diminuent.

7 **Le dernier quartier** apparaît quand on ne voit plus que la moitié de la Lune, mais cette fois-ci en formant un d avec le trait imaginaire que tu fais en la regardant, comme dernier « D ».

8 **Le dernier croissant**, quand la Lune ne laisse plus apparaître qu'un petit filet de lumière, vient clore la phase descendante. À l'œil nu, elle est semblable à une parenthèse de début « (».

Et enfin la nouvelle lune qui vient terminer ET recommencer le cycle lunaire.

Un lever de lune et une nouvelle lune comme un lever de soleil qui ouvre la lunaison, un éblouissement comme un soleil de midi pour en marquer le milieu avec la pleine lune, un coucher comme le soleil en fin de journée, pour la terminer. Et recommencer.
Voilà le cycle lunaire, se répétant pendant 12 lunaisons, pendant une année.
Pendant 24 lunes, levées et couchées.

On pourrait alors limiter le mois en 4 phases principales :
1 **Nouvelle lune : fin et début.**
2 **Premier quartier : croissance.**
3 **Pleine lune : apogée.**
4 **Dernier quartier : décroissance.**

Chacune de ces phases, chacun de ces moments, est porteur d'une énergie différente, qui nous soutient et nous influence. En activité ou en repos, en réflexion ou en action.
À chaque moment son bon moment avec la lune ! Car ils ont tous une raison, car ils sont tous une partie de la génération opérée chaque mois par la terre, donc par nous, petit·e·s humain·e·s qui déambulons, dessus.

L'inspiration

Période croissante

1

La nouvelle lune

La nouvelle lune démarre donc le cycle en ouvrant la lunaison, elle a lieu **des jours 1 à 6** du cycle.
Elle est un commencement, mais aussi un aboutissement.
Imaginons une boucle, commencée puis bouclée puis recommencée, sans arrêt, fluide, à la fois début et fin de cycle, à la fois début et fin de mois.
Le début d'un mois avec la lune est forcément la fin du précédent, tu vas me dire c'est évident, mais pas tout le temps.
Une nouvelle lune arrive quand la Lune et le Soleil sont au même endroit, en conjonction on appelle ça. C'est-à-dire quand notre principe conscient et notre principe inconscient se touchent, se caressent, communiquent. Quand nos nuits et nos jours se rencontrent. Quand nos objectifs et affections font un deal, quand nos émotions et besoins vitaux sont obligés de s'accorder.
À chaque début, et à chaque fin de mois.
À chaque début, une nouvelle matrice naît pour porter le souhait, l'idée, le projet, la relation, l'envie, mais la peur aussi, qui se manifestent. À chaque fin, elle se détruit pour laisser place à une nouvelle idée, un nouveau rêve, désir, projets, buts, ou soucis.
Et c'est la nouvelle lune et sa phase croissante, qui forment, chaque mois, une base pour accueillir l'aventure qu'on y mènera.

Pendant la nouvelle lune, on commence, on initie. C'est le moment de l'anticipation et de la planification de nos rêves, envies, projets, désirs, relations, introspections, questions, autour du mois à venir. Nous en semons les graines, à chaque nouvelle lune, pour chaque lunaison. Une période de préparation, qui semble tranquille et douce, mais qui est puissante : celle où nous commençons à manifester, donc à matérialiser nos souhaits.
En nouvelle lune on fait, presque systématiquement et, souvent à notre insu, **table rase du passé**.
Un oubli nécessaire de la lunaison passée, d'une relation, d'une idée, d'un doute.
C'est la phase des potentiels, ou plutôt des potentialités.
Ce qu'on appelle les rêves.

Porte d'ailleurs une grande attention à tes songes pendant ces quelques jours, note-les, rappelle-toi d'eux, car ils portent les espoirs de la lunaison à venir.
Prends aussi grand soin de tes peurs, elles aussi peuvent définir le mois qui arrive.

L'énergie libérée pendant la nouvelle lune, pourtant invisible, te donne un éclairage sur tes souhaits, pour regarder vers l'avenir, pour (te) projeter.
Tu peux souhaiter tout ce que tu veux pendant cette phase, à condition d'y croire vraiment.
Tu es concentré·e et calme, motivé·e.
Tu reconnais cette phase quand la lune est noire, elle ne brille pas la nuit, mais tu peux l'apercevoir pendant la journée.

DO

- V Je définis une intention pour le cycle à venir.
- V J'allume mes bougies et encens.
- V Je commence quelque chose de nouveau.
- V Je vais à un premier rendez-vous (amoureux, professionnel, social).
- V Je fais une ou plusieurs listes.
- V J'inspire, je m'inspire.

DON'T

- × Je ne quitte pas quelque chose ou quelqu'un qui me tient à cœur.
- × Je ne refuse pas les invitations non prévues ou les surprises.
- × Je fais attention aux énergies négatives des autres.

BONUS

- \+ Si je veux un nouveau départ, c'est le moment !

ÉNERGIES DISPONIBLES
Nouveau départ, potentiel, concrétisation des rêves.

ÉTAPE DU CYCLE
La graine semée au bon endroit, au bon moment, qui n'a plus qu'à se développer lentement.

2

Phase intermédiaire :

Le premier croissant

La lune se met à croître, à gagner en luminosité, à s'agrandir, c'est la phase croissante de la lunaison, **des jours 1 à 7**.
La lumière revient lentement dans la nuit, le courage et la confiance grandissent. Comme une lueur d'espoir, d'abord faible mais qui augmente chaque jour.
La puissance de la lune gagne en intensité, et tes rêves et projets aussi, leur formes se dessinent, leurs assises s'installent.
C'est la phase du *faut pas lâcher*, de la confiance, de la persévérance pour mener à bien ce qui a été décidé, souhaité, intentionné, en début de mois.
Mais pourtant toujours dans la réflexion, comme pendant la nouvelle lune, toujours dans la planification. **Comme le premier pas d'un long chemin**.
Pendant cette phase, le soleil et la lune sont en harmonie, conscient et inconscient, action et préparation, main dans la main. Et même si l'énergie est douce et calme, il est important de rester concentré·e, bien focalisé·e.
C'est la phase de **l'effort à poursuivre**, sans abandonner.

DO

V Je fais le premier pas vers mes projets, mes rêves, ou quelqu'un·e.
V Je fais savoir mes intentions.
V Je poursuis mes efforts.
V J'ai la volonté de concrétiser mes rêves, relations, projets sans douter.

DON'T

× Je n'ai pas peur d'avancer, même si je trébuche.
× Je n'oublie pas de continuer à réfléchir et planifier.

BONUS

\+ Je dispose de beaucoup de courage.

ÉNERGIES DISPONIBLES

Courage, confiance, progression.

ÉTAPE DU CYCLE

La graine germée qui doit sortir de terre, peu importe le nombre de couches à traverser.

Le premier quartier

Il marque le maximum de la phase croissante du cycle, quand la Lune est à sa moitié visible, donc à sa moitié de lumière, **des jours 7 à 12** de la lunaison.
Cette phase montre clairement que la lune a grandi, et c'est pour nous un moment pour grandir de concert.
Durant lequel on n'a peur de rien, en tout cas pas des changements que l'on souhaite poursuivre ou initier, que l'on espère. Cette demi-lune met nos projets en lumière. Jusque là bien planifiés et réfléchis, mis en stratégie dans nos tête et cœur, ils sont prêts à se montrer.
Nous avons d'ailleurs naturellement tendance à prendre plus de décisions, ou à faire plus de choix forts pendant le Premier quartier de lune.
Après la réflexion et la planification, l'action est prête à être enclenchée.
Et les obstacles à se révéler.
C'est le moment d'être déterminé·e·s et motivé·e·s pour les contourner.
Le Premier quartier attend de nous force et solidité face aux imprévus et redirections. Nous continuons, cette fois-ci en agissant franchement.

Tout croît et pousse à cette période, cheveux si tu les coupes, poils si tu les rases, relations si tu les decides, choix si tu les portes.
Tout métabolise très vite, et ton corps en premier ! Sache que nous brûlons plus de calories pendant cette phase lunaire, et c'est probablement la meilleure nouvelle de l'année !
C'est qu'en fait à cette période, nous pouvons éliminer sans difficulté tout ce qui nous « encombre » et nous ralentit.
Comme une phase de mise en action des rêves et projets, à toute allure, si tu ne te décourages pas devant les éventuelles embûches, avec la certitude que les choses sont en route.
Ne te laisse ni faire, ni dévier du chemin, défends tes rêves.

DO

- V J'agis.
- V Je prends des décisions ou signe des contrats.
- V Je coupe mes cheveux ou fais des soins.
- V Je commence une diète.
- V Je nettoie et déblaie mon chemin, mon bureau, ma boîte mail, ou mon appart.

DON'T

- × Je n'ai pas peur.
- × Je ne me décourage pas si je rencontre des obstacles.
- × Je ne crains pas le changement.
- × Je ne procrastine pas.

BONUS

- \+ Je suis au maximum de ma force physique et métabolique.

ÉNERGIES DISPONIBLES
Confiance en soi, détermination, challenge.

ÉTAPE DU CYCLE
La graine germée peut sortir de terre, et résister face aux éléments extérieurs.

4

Phase intermédiaire :

La lune gibbeuse croissante

C'est la dernière phase avant la pleine lune, qui nous signale que la moitié de la lunaison approche, **entre les jours 10 et 14** du cycle.
La lune brille alors de plus en plus fort dans le ciel, son énergie grandit de plus en plus, et nous la ressentons de plus en plus intensément.
Le cercle se remplit, se charge, et la douce énergie de croissance et de génération YIN, commence à muter.
Vers le YANG, vers la concrétisation, vers l'action et la manifestation.
Il y a un vrai changement de vibrations qui s'opère en lune gibbeuse, qui peut, pour beaucoup d'entre nous, être responsable d'énervements et pertes de patience.
C'est le moment du *on y est presque*, comme la lune elle-même presque ronde, mais pas encore complètement. De l'audace, de l'impatience, et donc des facultés d'adaptations nécessaires à se mobiliser pour enfin, y arriver.
S'il y a des ajustements à faire pour mener à bien le projet, le souhait, le rêve, c'est maintenant !
Nous commençons à moins bien dormir, en ébullition, car nous sentons que les choses vont se réaliser... ou échouer.
Pourtant, nous avons encore l'opportunité de les modifier, de rebondir pour passer la ligne d'arrivée.

Le terme « gibbeuse » désigne ce qui est rebondi, comme le ventre d'une femme enceinte, comme un bourrelet de plaisir qui déborderait du pantalon, ou une corne d'abondance bien garnie. Voilà l'énergie de cette phase, le débordement de vie. Vers la plénitude.
C'est d'ailleurs un moment parfait pour faire fructifier nos investissements et placements financiers, nos potagers, ou agrandir la famille.
Pour y croire, tout tenter, tout porter, même si nuits, appétits, et esprits, commencent à sérieusement s'agiter.
La Lune est à quelques jours d'être à maturité, ton souhait aussi, si tu parviens à tenir sur la durée et rebondir en cas de nécessité.
Tes émotions sont de plus en plus intenses, prêtes à se décupler.

DO

- V Je garde courage si mes souhaits ne se sont pas encore réalisés.
- V Je porte attention aux signes et indices pour m'aider.
- V Je fais le point sur mes projets.
- V J'effectue des investissements.
- V Je révise mes plans et m'adapte si c'est nécessaire.

DON'T

- × Je prends garde à mes émotions et mes colères.
- × J'essaie de ne pas être trop impatient.e.
- × Je n'ai pas peur d'accueillir mon énergie YANG, masculine.
- × Je ne suis pas rigide.

BONUS

\+ Une impulsion de vie très forte est à ma disposition pour relever les manches, ajuster, et manifester mes rêves.

ÉNERGIES DISPONIBLES

Adaptation, précision, force.

ÉTAPE DU CYCLE

La graine, devenue jeune pousse, se déploie vers le Soleil, en se courbant s'il y a du vent, en se nourrissant s'il pleut, et en résistant aux parasites.

La pleine lune

La pleine lune peut alors arriver, **entre les jours 14 à 19** depuis la Nouvelle, à sa pleine luminosité, à sa pleine puissance, illuminant la nuit, presque, comme le jour.
Comme au milieu de la journée solaire, ici au milieu du cycle lunaire.
Là où tout est clair.
Là où tout s'éclaire.
Si les nouvelles lunes convoquent l'énergie du YIN, de la génération, de la matrice, de l'inspiration, en posant le souhait, les Pleines Lunes deviennent YANG, et sont là pour sa concrétisation. Ce qu'on appelle manifester.
Tu as passé les quinze premiers jours du cycle à espérer, imaginer, former le souhait, et au fur et à mesure que l'énergie augmentait, que la brillance grandissait, ton rêve se matérialisait.
Il faut beaucoup de temps et de force tu sais, pour que l'invisible (un amour, un sentiment, un rêve, une envie, un désir) vienne pénétrer le visible. Beaucoup de couches pour que le vœu devienne réalité, comme un embryon, d'abord cellule dans le ventre de sa mère. Beaucoup d'étapes pour que ta mère Lune fasse naître ton bébé projet. **Et sa phase pleine en est l'apogée**. Un coup de projecteur bien fort dans le ciel, un pic d'énergie qui empêche les humain·e·s de dormir, les mers de trouver leur calme, les loups de se taire.
La lumière du Soleil père YANG, principe de création et de vie, vient envahir la nuit. Elle a rempli le miroir, la Lune, qui devient à son tour faiseuse, et non plus rêveuse. Pendant une pleine lune, la Lune s'oppose au Soleil, presque pour lui voler la vedette.
Pendant une pleine lune toutes les ombres disparaissent.
Les tiennes, les miennes, celles de ton mec, celles de devant, celles de derrière. Même l'obscurité s'anime, alors on ne dort pas, la faute à la mélatonine, et pas grand chose de magique dans tout ça, juste un cerveau qui croit qu'il faut rester éveillé, puisque dehors c'est allumé. **Se réveiller**. Voilà ce que la pleine lune fait.

La pleine lune est souvent appelée Lune de la récolte, car il est temps. Temps de recevoir les fruits des intentions posées, des projets menés, de ce qui se passe dans le Ici et Maintenant. **C'est la concrétisation**. Ce qu'on pourrait appeler la chance... de voir ses vœux se manifester, cette relation évoluer, ce contrat se signer.
Mais aussi la chance qu'il capote ! Car il n'était pas fait pour toi, car ça n'était juste pas le bon moment, là.

En pleine lune, on voit ce qui va, et ce qui va vraiment, et ce qui ne va pas, et qui ne va vraiment pas.
Un check point de l'Univers en pleine lumière pour te dire :
Bravo profite ou change de plan t'as pas vu les red flag?
Rien à voir avec la chance en vrai, juste une synchronicité, le fameux bon moment.
Rien n'est caché pendant une pleine lune, alors si c'est ton moment, tu le vivras très fort, mais si ça ne l'est pas, les déceptions et échecs éclateront aussi au grand jour.
C'est pour ça que la notion du lâcher-prise est indissociable de l'énergie de la Lune pleine. Les dés sont jetés, tu ne peux pas grand chose dans la réalisation du souhait, ou sa redirection. Qu'il y ait échec ou réussite, ça ne dépend plus de toi.
Un pic d'énergie est ressenti, très puissant, qui peut favoriser l'énervement, l'agitation (nocturne surtout, avec les bien connues insomnies de pleine lune), l'exaltation des sentiments et émotions. Tout est trop ! La joie ou la peine, l'amour ou la haine. Les courbes d'accouchements s'affolent, les marées se font plus fortes, les accidents de la route plus fréquents.
Rester calme, lâcher prise, pardonner et se pardonner, ne pas donner prise aux tiraillements intimes et extérieurs sont les clés, car en pleine lune on reste zen !
C'est quand même le Soleil, notre conscient, qui s'oppose à la Lune, notre inconscient, pour se chamailler, alors il est très tentant d'en faire autant avec ses proches.
Une Pleine lune met toujours un signal fort sur les énergies du ciel et des planètes qui l'entourent, selon les lunaisons tu sauras le ou les domaines qu'elle révèle, avec leurs merveilles et frustrations.
Mais quoiqu'il en soit, c'est toujours un moment de réalisation, qu'elle soit par une prise de conscience, en pleine clarté, une révélation des secrets, un accomplissement de projets, ou une déclaration d'amour.
C'est le bon moment pour pardonner, pour dire la vérité, peut-être même se disputer. Tout, même les difficultés, est constructif.
Car pendant la pleine lune tu ne fais que récolter, les graines que tu as semées.
N'oublie pas de remercier tous ceux qui t'ont aidé·e, et l'Univers en premier, même si tu es fatigué·e.

DO

V Je (me) pardonne.
V Je récolte le fruit de mes efforts sans culpabiliser.
V Je lâche prise si mes souhaits ne se sont pas encore réalisés, tout est une question de timing.
V Je prends un congé, ou allège mon agenda.
V Je prends soin de moi.
V Je dis la vérité.
V Je dis merci.

DON'T

× Je prends garde à mon énervement, car je dors moins bien et mes émotions sont à fleur de peau.
× Je ne suis pas en résistance face à ce qui doit être et ne pas être, fonctionner et ne pas fonctionner.
× Je ne fais pas de long trajet ou de sport intense.
× Je ne rappelle pas mon ex.

BONUS

\+ Je peux enfin identifier clairement tous les blocages et les personnes qui m'empêchent de poursuivre mes rêves, tout comme ceux qui m'aident, et, en pleine conscience, libérer ce qu'il y a à libérer, pour continuer à avancer.

ÉNERGIES DISPONIBLES :
Lâcher-prise. gratitude, clarté, détermination, force vitale.

ÉTAPE DU CYCLE :
La graine, devenue jeune pousse, fleurit et se tourne vers la lumière.

L’expiration

Période décroissante

Phase intermédiaire :

La lune gibbeuse décroissante

L'énergie, dès lors, se met à diminuer tout comme la lumière de l'astre de la nuit s'atténue, c'est la phase décroissante des jours **20 à 25**, celle du repos.
Après le grand show son et lumière de la pleine lune, la luminosité se met à disparaître un peu plus chaque jour, la Lune se calme, et nous aussi.
Nous nous replions de plus en plus en nous-même, dans notre monde intérieur, dans notre obscurité, comme la belle Lune.
Commence alors une phase d'introspection et d'intégration de la première quinzaine de jours de la lunaison.
La lune gibbeuse décroissante marque le début de la période passive du cycle. Mais passive ne veut pas dire moins importante, bien au contraire !
Nous reprenons notre souffle, et c'est le moment de doucement, calmement remarquer les leçons et apprentissages révélés.
Laissons-nous faire, ne luttons pas contre le vent, ni contre la Lune. Contre les résultats, contre les circonstances, contre le moment.
Que nous soyons sortis victorieux et féconds de la pleine lune, ou encore sur notre faim de réalisations, l'heure est à la réflexion, et à la coopération. À la fois avec les rythmes biologiques et énergétiques qui deviennent plus calmes, comme ralentis, et à la fois avec nos collègues, nos proches, nos doutes, nos peurs et fatigues.
Ne force pas (plus) les choses à présent, réfléchis, redescends, souffle.
Car bientôt arrive le Dernier croissant, celui du bilan.
On évite d'initier quoi que ce soit pendant cette phase, ou de se lancer à corps perdu dans des nouveaux projets.
Il est temps de déposer les armes, et de se replier.

DO

- V Je ralentis.
- V Je m'interroge sur ce que j'ai appris jusqu'à présent.
- V J'observe mes ressentis.
- V Je réfléchis.

DON'T

- × Je ne force rien, ni moi, ni ma relation, ni mon planning, ni les événements.
- × Je ne démarre pas de nouveaux projets.
- × Je ne cède pas aux doutes.

BONUS

- \+ J'ai la possibilité d'identifier les leçons mises en lumière pendant la lunaison, afin d'y réfléchir.

ÉNERGIES DISPONIBLES
Lâcher prise, récupération, introspection.

ÉTAPE DU CYCLE
La plante a pollinisé et se met au repos.

Le dernier quartier

Voilà la décroissance est totale, et la phase passive est complètement activée **à partir du jour 25** de la lunaison. À mi-chemin entre la grande clarté de la pleine lune et la totale pénombre de la nouvelle lune qui arrive. Le disque de lumière est visible sur toute sa moitié, descendant, comme point d'orgue de la deuxième partie du cycle.

Celle de l'intégration et de l'apprentissage.

Nous sommes beaucoup plus lent·e·s ou fatigué·e·s, comme en attente, de ce qui vient.

Et à ce moment encore l'impatience et l'énervement peuvent se faire sentir : mais que va-t'il se passer maintenant ?

Cette phase est inconfortable, surtout car c'est le moment de se défaire de ce qui ne nous sert plus, ou mal... personnes, projets, rêves, qui peuvent ne pas se réaliser. Fantasmes, peurs.

On accède au relâchement.

Du corps, avec peut être l'apparition de douleurs musculaires ou de fatigue, de stress, de « plein le dos » !

De l'esprit, qui peut être très préoccupé.

Du cœur, qui peut être blessé par les non réalisations espérées.

Il faut soupeser, évaluer ce que l'on garde et ce que l'on laisse afin de préparer l'espace pour accueillir les nouveaux souhaits, les nouveaux projets, les nouvelles décisions et intentions de la nouvelle lune à venir, pour la nouvelle lunaison.

Car tout est cycle tu sais, chaque mois est un voyage, avec ses énergies propres, et si ton désir ne s'est pas manifesté pendant cette phase active là, c'est que son moment n'était pas celui-là ou qu'il y avait une leçon à intégrer.

Nous nous sommes reposé·e·s juste avant, nous avons soufflé un peu après les événements mis en lumière au milieu du cycle, maintenant il est temps de regarder à nouveau vers l'avant, de se remettre en selle, doucement, en nous libérant de tout ce qui nous en empêche.

Les doutes, craintes, et questionnements, peuvent être paralysants, l'appréhension de ne pas réussir, la déception de ne pas y être (encore) arrivé.

Mais ça n'est définitivement pas le moment de baisser les bras !

Au contraire, sous le Dernier quartier on reprend ses esprits, on réunit ses émotions, et on se détache de la lunaison, pour laisser place à demain.

C'est l'heure du bilan, avec patience, et confiance en l'avenir.

Le moment de l'évaluation, et de l'auto-évaluation de tes ressources, forces et freins. D'ailleurs, ça peut être l'instant des résultats en période d'examens, du bilan si tu as une entreprise, des compromis dans le couple.

Les changements opérés pendant la lunaison s'intègrent alors profondément en toi, pour te servir lors de la prochaine, comme un terreau fertile.

DO

V Je me libère de ce dont je n'ai plus besoin (pensées, personnes, situations).
V J'apprends la/les leçons de la lunaison.
V J'ai confiance en moi et en l'avenir.
V Je nettoie mon corps, ma maison, mon bureau.

DON'T

× Je ne ne suis pas trop pressé·e.
× Je fais attention aux tensions internes et extérieures.
× Je ne me décourage pas.

BONUS

+ Je suis au minimum de ma force physique et métabolique, en repli.

ÉNERGIES DISPONIBLES

Prise de recul, confiance, patience.

ÉTAPE DU CYCLE

La plante s'apprête à faner et retourner à la terre pour l'ensemencer, comme de l'humus.

Phase intermédiaire :

Le dernier croissant

Vient le moment de l'acceptation, des jours 25 à 29, la fin du cycle et de la lunaison.
Accepter le rythme, le cycle, la vie comme elle vient, les réussites et les pertes, accepter et se laisser aller.
Repos, détente, farniente même. Laisser traîner et tout faire traîner, on en a un peu le droit lors du Dernier croissant de Lune !
La lumière est bientôt éteinte, nous sommes dans notre lit avec un bon livre et un thé, en attendant sagement de pouvoir rêver.
À nouveau.
L'abandon porte cette phase. Abandonner les peurs et les doutes, abandonner les projets voués à ne pas réussir pour le moment, abandonner les situations et relations drainantes. Abandonner l'énergie, momentanément.
Endormons-nous.
Non pas sur nos lauriers, car des nouveaux projets sont prêts à être initiés, et les anciens à être tentés, différemment, nos leçons bien apprises dans nos valises.
Non, endormons-nous pour rêver, encore. Toujours.
Le Dernier croissant nous rappelle qu'il y a un temps pour tout, et que tout se passe toujours en temps voulu.
Détends-toi, abandonne-toi, ça ira. On veille sur toi.
Et à ton réveil, tu seras prêt·e à repartir pour un tour, comme la Lune Nouvelle.

DO

- V Je me repose.
- V J'ai confiance en l'Univers et en ceux.celles qui veillent sur moi.
- V Je recommence à espérer.
- V Je prends soin de mes émotions et de mon corps, de ma santé, de mon alimentation, et de mon espace vital.

DON'T

- × Je ne vais pas au-delà de mes limites.
- × Je ne me prends pas la tête.
- × Je ne crains pas de me retirer un peu de ma vie active, sociale, professionnelle ou affective.

BONUS

- \+ Je peux reculer pour mieux sauter.

ÉNERGIES DISPONIBLES
Repos, acceptation, régénération.

ÉTAPE DU CYCLE
La plante redevient semence, et une nouvelle graine se prépare à germer.

Alors la nouvelle lune pourra arriver et nous serons prêt·e·s à recommencer, à avancer de mois en mois, de saison en saison, de lunaison en lunaison. À évoluer, rattraper, essayer, préserver, aimer, apprendre, découvrir, tomber, se relever... Pour s'incarner.

Chapitre 2

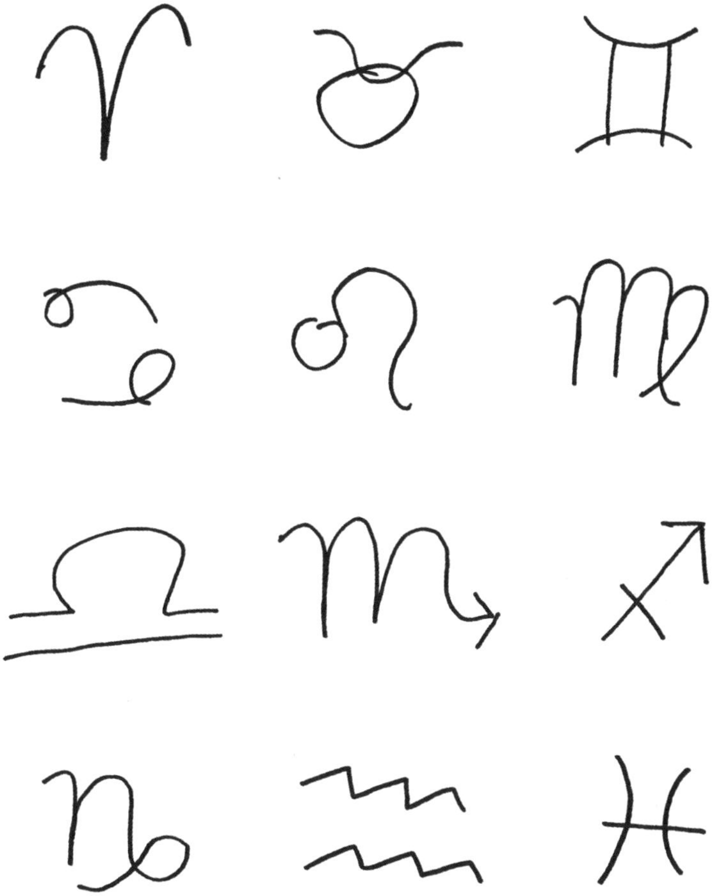

L'enfant intérieur et les 12 signes lunaires

Le signe astrologique lunaire, c'est l'enfant intérieur.

En astrologie, nos cœurs sont représentés par notre signe lunaire et son emplacement.
La vie malmène parfois et serre nos cœurs à chaque détour, avec chaque rupture, perte, critique et trahison nous le fermons de plus en plus, nous nous fermons de plus en plus à l'enfant, dedans.
En grandissant, nous avons construit des murs bien solides de protection autour de lui.
Et la chose la plus courageuse que nous puissions faire, c'est baisser la garde, briser l'armure et vivre un peu plus avec l'enfant intérieur, depuis nos cœurs.
La guérison émotionnelle est un processus qui peut prendre temps et difficultés, mais c'est la guérison la plus profonde que l'on puisse espérer.
Apprendre à identifier ton signe lunaire t'aide à connaître ta mission de cœur, celle où ton enfant intérieur se sentira le plus en sécurité pour jouer, grandir et aimer.

Le signe lunaire est celui qui est le plus méconnu, même si nous sommes de plus en plus nombreux à le découvrir et le prendre en compte, afin de mieux comprendre notre thème astral de naissance.
Car nous ne sommes pas qu'un soleil, qu'un signe solaire, pourtant le plus répandu.
Nous ne sommes pas qu'une force de vie, qu'une énergie de croissance et de lumière, qu'un principe énergétique conscient, de pleine journée, de pleine action, de pleine vitalité.
Car nous ne sommes pas qu'un Yang, qu'un plein, qu'un être qui fait.
Nous sommes aussi un être qui rêve, qui joue, qui danse, qui pleure, qui aime, qui imagine, nous sommes aussi pleins d'émotions.

Alors, si dans ton thème astral de naissance, l'emplacement du soleil te parle de tes besoins vitaux, pour croître dans cette vie telle une (belle) plante, ce soleil qui fait pousser les arbres, verdir les feuilles et éclore les graines, en conscience, en pleine journée, la lune, elle, te parle de ton inconscient.
Ou plutôt de ton subconscient, celui des souhaits et des imaginaires, celui des vœux.

L'emplacement de la lune dans ton thème renseigne sur tes besoins émotionnels.
Avec elle on parlera de signe lunaire, comme on parle déjà de signe astrologique (solaire) et d'ascendant.
Il est, à mon sens, aussi, voire plus important que le signe solaire.
Il désigne l'endroit où elle était le jour de ta naissance, dans quel signe du zodiaque.

La lune parle de ton psychisme inné, profond, de ton terrain émotionnel, avant toute intervention extérieure.
Les besoins émotionnels de ton enfant intérieur, celui ou celle qui a envie d'être câliné·e et guidé·e, aimé·e. Pour soutenir et nourrir ta réalité quotidienne.
Ce que tu ressens de façon intime, ton enfance, ta mémoire, ton imagination, tes émotions de vie, ce qui tire les ficelles pour ton incarnation, tes ressentis.
Ce qui se passe le soir quand, tous masques tombés, tu te retrouves seul·e dans ton lit.

La lune est le principe générateur.
Le Yin premier.
La polarité secondaire.
L'inconscient.
Le réceptif.
La nuit.
Le principe féminin, la mère ou la femme idéale.
Celle qui reflète la vie, celle qui la génère en son nid, dans ton subconscient.

Selon ton signe lunaire, c'est ce qui rassure ton enfant intérieur qui est vibré, et comment le libérer.
Débloquer ta créativité, ton cœur, ou ta joie ne peut se faire sans rassurer l'enfant qui sommeille en toi, en chacun de nous.

Calcule ton signe lunaire

Trouve ton chiffre en fonction de ton année de naissance

1921	:	13	1944	:	25	1967	:	11	1990	:	24
1922	:	23	1945	:	9	1968	:	21	1991	:	7
1923	:	5	1946	:	18	1969	:	4	1992	:	17
1924	:	14	1947	:	0	1970	:	13	1993	:	27
1925	:	26	1948	:	11	1971	:	24	1994	:	9
1926	:	8	1949	:	22	1972	:	7	1995	:	20
1927	:	17	1950	:	4	1973	:	17	1996	:	2
1928	:	0	1951	:	13	1974	:	26	1997	:	13
1929	:	12	1952	:	24	1975	:	10	1998	:	22
1930	:	21	1953	:	7	1976	:	20	1999	:	5
1931	:	3	1954	:	17	1977	:	3	2000	:	16
1932	:	13	1955	:	26	1978	:	12	2001	:	26
1933	:	25	1956	:	10	1979	:	23	2002	:	8
1934	:	7	1957	:	20	1980	:	5	2003	:	19
1935	:	16	1958	:	2	1981	:	16	2004	:	2
1936	:	26	1959	:	12	1982	:	25	2005	:	12
1937	:	10	1960	:	23	1983	:	8	2006	:	22
1938	:	20	1961	:	6	1984	:	18	2007	:	4
1939	:	2	1962	:	15	1985	:	1	2008	:	14
1940	:	12	1963	:	25	1986	:	11	2009	:	25
1941	:	23	1964	:	8	1987	:	21	2010	:	7
1942	:	5	1965	:	19	1988	:	4			
1943	:	14	1966	:	1	1989	:	14			

Puis additionne ton chiffre d'année de naissance au chiffre associé à ton mois de naissance.

Janvier :	1	Juillet :	17
Février :	4	Août :	21
Mars :	4	Septembre :	24
Avril :	8	Octobre :	27
Mai :	11	Novembre :	3
Juin :	14	Décembre :	6

Le chiffre de naissance que tu as découvert s'associe à un signe.
Si tu obtiens une somme comprise entre 29 et 54, il faut soustraire 27.
Si tu obtiens une somme entre 55 et 81, il faut soustraire 55.
Si tu obtiens une somme supérieure à 81, il faut soustraire 82.

Bélier :	0, 1, 27, 28	Balance :	14, 15
Taureau :	2, 3, 4	Scorpion :	16, 17
Gémeaux :	5, 6	Sagittaire :	18, 19
Cancer :	7, 8	Capricorne :	20, 21, 22
Lion :	9, 10	Verseau :	23, 24
Vierge :	11, 12, 13	Poissons :	25, 26

1

La lune en Bélier : La tête brûlée

♈

L'enfant intérieur courageux.

Avec bravoure, authenticité, c'est celui qui repousse toutes les barrières, voit au-delà de toutes les enveloppes et des murs, des limites physiques. Motivé par la compétition, il veut gagner et a conscience de l'adversité, tout en demeurant très optimiste. Il ne réfléchit pas beaucoup avant d'agir, il verra ça après.

Les options négatives ne trouvent pas écho, il a confiance en lui et en ses talents.

C'est un leader, un initiateur, un indépendant.

Il la joue plutôt solo, ou en tout cas, il se suffit à lui-même.

Ce casse-cou est allergique à l'ennui et à la complaisance.

Il est le plus actif et ne connaît pas le mensonge ou les dissimulations, brut et franc du collier, entier.

Tout est vrai, tout est impulsé, tout vit.

Il t'aide à reprendre confiance en toi, et t'affirmer.

Te dépasser et ne plus regarder en arrière.

Il dit « Je suis ».

SA VOIX DE GUÉRISON : Apprendre à considérer les sentiments des autres, et un peu les écouter.

L'ÉTAPE D'INCARNATION : 1 – Impulser la vie.

↗ Ma confiance en moi
↘ Mon agressivité
♥ Le sport

2

La lune en Taureau : Le terre à terre

L'enfant intérieur ancré.

Une bonne nature, sincère, humble, vrai.
La réalité le définit, il est équilibré, toujours prêt à aider et vraiment super gentil.
Bien qu'un peu routinier et prudent, il ne cherche pas à prouver quoi que ce soit à qui que ce soit.
C'est un sensuel et un épicurien, fervent adepte des nourritures terrestres.
Persistant, un peu suiveur, mais concentré et déterminé.
Pas facilement trompé ou manipulé, il ne croit que ce qu'il voit, avec une très forte volonté.
Facile à aimer et à admirer, tout est simple et digne de confiance avec lui.
Pas pressé pour un sou, il aime prendre son temps, parfois beaucoup de temps… Par contre, tout ce qu'il installe est fait pour durer.
Il t'aide à profiter des plaisirs de la vie et de la nature.
Patienter et te stabiliser.
Il dit « J'ai ».

SA VOIX DE GUÉRISON : Trouver sa propre valeur plutôt que de posséder des choses matérielles pour exister.
L'ÉTAPE D'INCARNATION : 2 – Se nourrir.

↗ Ma patience
↘ Mon entêtement
♥ La nature

La lune en Gémeaux : Le petit malin

L’enfant intérieur dispersé.

Malin, bavard et très observateur.
Il aime contempler les autres et apprendre sans cesse.
Il est très joueur, curieux, un peu « pieds dans le plat », un peu contradictoire, beaucoup…
Il se fait sans souci l’avocat du diable, juste pour le débat.
C’est que sa vie est multidimensionnelle, chaque situation, problème, discussion, idée, relation, concept est vu sous tous ses angles.
Il s’ennuie vite, alors il adore les surprises, en faire et en recevoir.
Souvent très engageant, il est aussi très occupé à mille tâches, intellectuelles majoritairement.
Toujours branché sur les idées du moment, les événements à faire, les sentiments à vivre.
Plein d’opinions mais flexible, avec un vaste panel d’émotions, changeantes.
Mais c’est un esprit analytique, un stratégique.
Il t’aide à communiquer tes idées, et les adapter.
Aller vers l’autre, comme un frère, pour te connaître toi-même.
Il dit « Je pense ».

SA VOIX DE GUÉRISON : Parvenir à me réunir avec tous mes moi-même et mes divisions internes.
L’ÉTAPE D’INCARNATION : 3 – S’adapter.

↗ Ma vivacité d’esprit
↘ Mes cogitations
♥ Les mots.

4

La lune en Cancer : Le cœur d'artichaut

L'enfant intérieur codépendant.

Créatif, sentimental et extrêmement empathique envers la souffrance des autres, il est chez sa mère Lune, qui gouverne le signe du Cancer, en plein dans son énergie nourrissante et réconfortante.
Il cherche l'amour, la protection, la guérison, le soin.
Son âme est poétique et très connectée à ses guides, à son inspiration, à l'Univers ou à son amoureux·se : sa famille, qui a une importance capitale, qu'elle soit d'âme ou biologique.
Grand intuitif, il est souvent dans sa bulle, ou sous son plaid, dans ses émotions, qui sont pour lui, un moyen d'aider. Tout le monde.
Ses instincts sont très fins, mais il est régulièrement incompris par son grand besoin de sécurité affective.
Il a besoin d'aimer et d'être aimé.
Il t'aide à écouter ton cœur et tes émotions pour protéger les autres. Accepter tes liens familiaux, ton histoire, en toute insouciance comme un enfant.
Il dit « Je (me) protège ».

SA VOIX DE GUÉRISON : Me lever et marcher, sans crainte de tomber pour sortir de sa coquille.
L'ÉTAPE D'INCARNATION : 4 – Trouver ses fondations.

↗ Mes antennes
↘ Ma codépendance
♥ Le foyer

5

La lune en Lion :
Le fier comme un paon

♌

L'enfant intérieur passionné.

Il est expressif, vivant, et tout feu tout flamme, exalté, passionné.
Le « qui m'aime me suive » pourrait être son credo, posant son cœur sur la table, en toute authenticité.
Il est en fait dévoué à la poursuite de ce et ceux·celles qu'il aime.
Fier, brave, et peut-être un peu monumental et théâtral.
Il ose tout. Mais son cœur est très grand, et son romantisme à la hauteur.
Il dispose de l'esprit et de la confiance (en lui et en la vie) nécessaires pour suivre son chemin, grâce à son instinct.
Alors pas étonnant qu'il soit un des plus volontaires, plein de principes et d'intégrité, et parfois d'autorité.
C'est un créateur, avec beaucoup de rayonnement, il a besoin de briller en pleine lumière.
Avec beaucoup d'amis, comme une cour pour exister.
Avec beaucoup de rire et d'allégresse, de ola, de repas, de fêtes.
C'est un chef naturel, mais juste, sincère et généreux, magnanime certains diront.
Il t'aide à t'individualiser, savoir qui tu es, ce que tu aimes et où tu veux aller.
À créer et guider des projets et des *love story*.
Il dit « J'aime ».

SA VOIX DE GUÉRISON : Mettre mes qualités de rayonnement et de leader naturel au service du collectif.
L'ÉTAPE D'INCARNATION : 5 – Créer la joie.

↗ Mon instinct
↘ Mon ego
♥ La reconnaissance.

6

La lune en Vierge : Le discret

♍

L’enfant intérieur consciencieux.

Humble, il est dirigé par l’envie et le besoin de bien faire, ou plutôt de faire le bien.
Une qualité qui le rend capable de voir les choses de façon réaliste et claire, d’un point de vue concret.
Très conscient. De lui-même d’abord, avec ses forces, mais aussi ses faiblesses qu’il aura tendance à trop analyser et exagérer ; puis des autres. C’est un roi de l’introspection, mais c’est aussi celui qui est le plus aidant et soutenant. Un être de service et de soin.
Intelligent, mesuré et modeste.
Il est lucide sur la façon dont les autres sont affectés par lui, et donc extrêmement gentil.
C’est un lien puissant au sacré qui l’anime, servir (un dieu, une cause, et par extension, son prochain) presque comme une dévotion. D’ailleurs avec lui, le sacrifice n’est jamais très loin.
Il est capable de se voir, et de voir l’autre, comme un corps avec une âme ; de percevoir les forces physiques et invisibles, de les analyser et les catégoriser, et de les purifier si besoin est.
Il t’aide à prendre conscience de ton corps et de ta part féminine (même si tu es un homme), à guérir ou t’autoguérir.
À faire le pont entre spiritualité et matérialité. Divin et quotidien.
Il dit « Je soigne ».

SA VOIX DE GUÉRISON : Sortir d’une certaine forme de dévotion, et/ou de perfectionnisme, pour être aimé.
L’ÉTAPE D’INCARNATION : 6 – Incarner son corps.

↗ Ma reliance
↘ Mes critiques et autocritiques.
♥ Les petites choses de tous les jours.

La lune en Balance : Le meilleur copain

L'enfant intérieur compréhensif.

Équilibré, en tout cas il le voudrait, c'est le mieux élevé. Ses bonnes manières comme arme de diplomatie infaillible. Il garde toujours un œil sur tout ce qui pourrait entraver la justice et l'équité.
C'est le plus à l'aise avec les partenaires, et donc le couple.
C'est logiquement celui qui craint le plus la solitude.
C'est aussi le plus plaisant, charmeur, séduisant, il peut vouloir se faire aimer de tous.tes, et y arrive la plupart du temps.
C'est un être sociable, dynamique, ouvert, mais parfois un peu superficiel, non pas par malice, car il ne veut froisser personne avec ses propres opinions. On le dit indécis, mais c'est qu'il prend un temps interminable pour soupeser le pour et le contre de chaque situation.
Pourtant, quand il tranche, c'est pour de bon, comme le glaive de la justice et de ses grands idéaux.
Un peu lyrique, très romantique, sa douce nature en fait un empathique et compréhensif ami.
Il apprécie tout particulièrement la beauté sous toutes ses formes.
Très doué avec les mots, c'est un vrai amoureux. Prêt à tous les compromis, il est terrorisé par les conflits.
Il t'aide à trouver l'âme sœur, voir l'autre comme un alter ego.
Intégrer que, pour toute chose, un contraire complémentaire existe.
Il dit « Nous sommes ».

LA VOIX DE GUÉRISON : Prendre ma place en tant qu'individu, et savoir dire non.
L'ÉTAPE D'INCARNATION : 7 – S'unir.

↗ Mon écoute
↘ Mes doutes
♥ L'amour

8

La lune en Scorpion : Le sans peur et (presque) sans reproches

L'enfant intérieur résilient.

C'est le plus intense, rendu puissant par ses sensations, empouvoiré par ses émotions et ses passions. Il plonge, se jette à corps perdu dans les choses ou pas du tout, un peu extrême, un peu borderline.
Il est en contact avec sa sexualité, qu'il accueille librement, et n'a pas peur du noir ni de la mort.
C'est un résilient. Émotionnellement surtout, mais aussi un autodestructeur pour les mêmes raisons.
Car il est capable de conquérir ses peurs, une à une, avec une force mentale hors du commun.
Il aspire à former des connexions avec les autres, fortes et de longue durée, presque à jamais. C'est un romanesque, il aime les vagues fracassées sans fin sur les falaises, la poésie, la musique, et fuit tiédeur et calme.
Il peut être très à l'aise dans l'insécurité, à ses risques et périls, et souhaite vivre et expérimenter la vie pleinement, totalement, sans réserve.
Contrôle, possessivité et jalousie peuvent l'animer, il met beaucoup de temps à accorder sa confiance, mais lorsqu'il le fait c'est à jamais.
Il est attiré par tout ce qui est tabou ou mystérieux, caché.
Il dit « Je transcende ».

LA VOIX DE GUÉRISON : Trouver une certaine forme de paix émotionnelle en appréciant simplement la vie.
L'ÉTAPE D'INCARNATION : 8 – Se transformer.

↗ Mon détecteur de mensonges intégré
↘ Ma rancune
♥ Les secrets

La lune en Sagittaire : L'éveillé

L'enfant intérieur sauvage.

Non conventionnel, libre, mobile, c'est le plus ouvert. Il est intéressé par tout ce qui vient de loin, par ouvrir toutes ses portes et fenêtres, voyager, découvrir, explorer.
Tout ce qui l'étend et le sort hors de lui-même, son carcan, sa famille, sa patrie, son éducation, ses règles.
Les voyages mentaux et physiques, les hautes études, la religion et la spiritualité, l'amour par-delà les mers sont pour lui. Aventurier et autodidacte, curieux de tout et surtout de l'ailleurs, les lois et religions l'attirent. C'est qu'il est comme tiraillé entre sa nature sauvage, animale, terrienne, en proie aux instincts, et sa tête dans le ciel, le regard lointain vers l'horizon, relié à la lumière et aux plans plus spirituels.
Alors il est franc, cash, parfois un peu trop, plein de certitudes et de combats internes, mais empli d'idéaux, de quêtes. Il cherche son Graal, par monts et par vaux, en courant librement dans leurs directions.
La philosophie, la religion, les autres cultures comme carburant, pour découvrir, tout, les mondes, et soi-même au passage.
Il n'est ni jaloux, ni envieux, ni possessif, mais souvent plein de principes presque immuables.
Il dit « Je m'ouvre ».

LA VOIX DE GUÉRISON : Sortir de mes croyances limitantes et d'une course à la liberté qui peut devenir une fuite.
L'ÉTAPE D'INCARNATION : 9 – S'éveiller.

↗ Ma foi
↘ Mon manque de tact
♥ Les voyages

La lune en Capricorne : Le déjà grand pour son âge

L'enfant intérieur sérieux.

Ce grand déterminé et motivé est plein de ressources.
Peu de choses le découragent dans sa quête de l'idéal, de la carrière, de l'accomplissement, sauf peut-être ses émotions, qu'il ne sait comment gérer. C'est un gestionnaire doué pour rester sur sa route, suivre un chemin, un plan en affrontant la tempête.
Pourtant il se déprécie souvent, malgré un noyau solide, une force calme et patiente envers ses aspirations.
C'est qu'il peut dépasser n'importe quel obstacle, il ne semble pas le savoir.
Parfois très, trop mature, il vise le plus haut sommet, le plus bel amour, le plan le plus élevé.
Son respect, qu'il met du temps à donner mais ne retire jamais, est souvent offert de façon juste et réfléchie. Il donne du crédit aux réussites et à la ténacité. C'est un adulte, un vrai. Il n'a pas peur de la solitude ni de l'effort, pour peu qu'il soit reconnu par ses pairs (ou son propre papa).
De nature réservé, il peut paraître froid et peu sentimental, c'est oublier sa grande ferveur intime. Il est responsable de lui, et des autres, et ne veut pas faillir à sa mission.
Il dit « Je réussis ».

SA VOIX DE GUÉRISON : Trouver l'insouciance qui me fait souvent défaut sous le poids de mes responsabilités, le plus souvent auto-induites.
L'ÉTAPE D'INCARNATION : 10 – Devenir adulte.

↗ Mon intégrité
↘ Ma peur de lâcher prise
♥ Le pouvoir

La lune en Verseau : L'électron libre

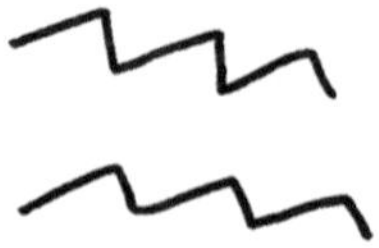

L'enfant intérieur original.

Le talent le caractérise, mais toujours dans une énergie non conformiste, non cadrée, hors normes. Son point de vue est unique, il pense et agit comme il le sent, hors des conventions.
Progressiste, hyper tolérant, malin, il est surtout totalement libre et indépendant, n'obéissant à aucune règle, loi ou croyance. Il est autonome, et n'a pas de souci avec son ego, qu'il intègre et accueille facilement. Il en est en fait détaché, comme il peut l'être d'une réalité quotidienne trop petite pour lui, trop matérielle. Comme il peut l'être de l'amour aussi, avec des airs distants et non impliqués. Tout engagement, il le vit comme une prison.
C'est un individualiste sain, car tolérant à l'extrême, plein d'acceptation pour toutes les singularités de chacun. On le trouve étrange, ou bizarre, mais dans le bon sens. Il est mystérieux, parfois inatteignable, inclassable. C'est un membre de groupes, d'associations, de collectivités et il se sent relié à l'humanité. Souvent inventeur génial, aux grandes perspectives et plans, il est différent et n'a pas peur d'assumer sa vérité de liberté et de fraternité, parfois de façon intransigeante. Il est libre et aime profondément (presque amoureusement) ses amis. Très (ou trop) en avance sur son temps, il peut être incompris.
Il dit « Je m'émancipe ».

SA VOIX DE GUÉRISON : Reconnecter avec le monde d'en bas, celui où on aime, s'engage, construit et s'incarne.
L'ÉTAPE D'INCARNATION : 11 – S'élever.

↗ Ma liberté d'être et de penser
↘ Ma rébellion permanente
♥ L'humanité

12

La lune en Poissons : L'éponge

♓

L'enfant intérieur sensible.

C'est un vrai rêveur, magnifiquement sensible et sensitif. Il comprend les choses et les émotions sans qu'elles aient besoin d'être dites, sans avoir à les dire.
Joueur, drôle, c'est le plus ouvert, il aime faire l'idiot, jouer au faible, parfois à la victime.
C'est qu'il sent et ressent à peu près tout. Il est profondément empathique, une éponge.
Peu ou pas du tout enfermé par les structures matérielles et quotidiennes, il n'a aucune limite, barrière, frontière, restriction, norme. Alors la plupart du temps, il semble flotter entre rêve et réalité, optimisme et pessimisme, phases volubiles et silencieuses.
Il est souvent perdu dans tous ses ressentis illimités. Menteur parfois, c'est ce qu'on croit, insaisissable (tu as déjà essayé d'attraper un poisson à la main ?), c'est le plus émotionnellement évolué, car il est capable d'amour inconditionnel. Ce qui souvent le conduit à préférer un rôle de martyr ou activer un auto-apitoiement, plutôt que de se redresser pour ses droits. Il choisira toujours la fuite aux confrontations, l'amour aux discussions. Il est très fréquemment artiste, ayant besoin d'une échappatoire à la dure réalité sur terre.
Il dit « Je fusionne ».

SA VOIX DE GUÉRISON : Quitter le « c'est vraiment trop injuste » et cultiver mes forces de pardon et de guérisseur puissant.
L'ÉTAPE D'INCARNATION : 12 – Fusionner.

↗ Mon empathie
↘ Mon côté sacrificiel
♥ Les arts

Accueille cet enfant intérieur, chéris-le, écoute-le, c'est celui qui tire les ficelles de tes sentiments, de tes besoins du cœur, celui révélé par la lune dans ton thème, et le premier à s'y connecter lors de ses phases.
Il sera toujours très à l'aise avec un autre dans son signe opposé, souvent là pour le guider, comme la lune en Bélier avec la lune en Balance par exemple, ou celle en Scorpion avec la lune en Taureau.

Notre signe lunaire est essentiel pour travailler avec nos ressentis, et se connecter à tout ce qui nous rassure, nous berce, et nous remue dedans, comme les marées créées par les pleines lunes, et les soifs par les nouvelles lunes.
Pendant les phases lunaires du mois, mais surtout pendant les 24 lunes qui rythment l'année, il t'aidera à ritualiser, intentionner, libérer, et former tes souhaits.
Pour t'incarner.

Chapitre 3

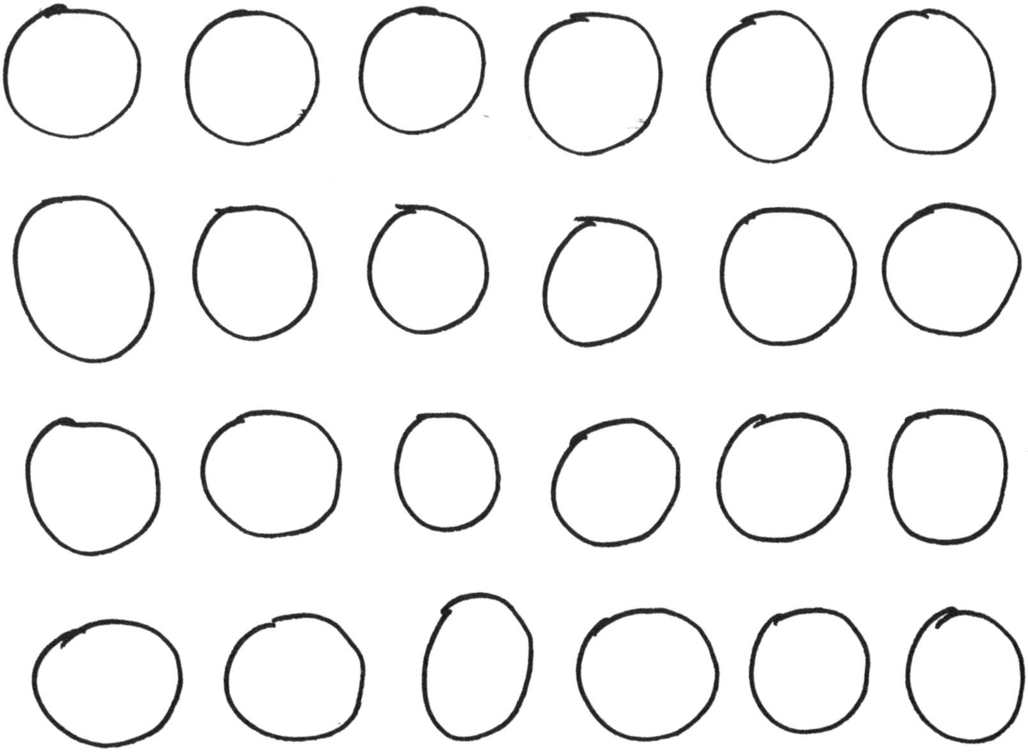

Les 24 lunes

La saison claire

La saison claire débute lors de la fête celte
de Beltaine, elle est celle de la brillance et du feu.
Elle marque le début de la saison estivale,
le retour à la guerre, à la conquête, à la chasse.
La reprise de vie.
C'est la période où on initie, où on lance
des projets, où on crée la vie de notre année.

Brillons !

Première période

Printemps – Le début
Le Dragon azur.
La couleur entre le vert et le bleu.
L'Est.
Le bois.
Bélier – Taureau – Gémeaux
Mars – Avril – Mai

Mars
La lunaison du Ver ou lunaison du Sucre

La (re)naissance du Premier
Se réveiller

Nous sommes la pomme sucrée, creusée par le ver de l'intuition caché tout l'hiver.

Le début de l'année énergétique commence là, pendant cette lunaison d'éveil.
Nous renaissons, nos corps et esprits encore engourdis par le gel, prêts à se réveiller à la vie.
La journée redevient plus longue, la chaleur vient lutter avec le froid, les bourgeons se gorgent, la vie reprend.
La nôtre aussi !
Nous avons l'intuition. Une intuition toute particulière, l'intuition du nouveau.
Comme des nouveau-nés prêts à sortir une fois encore de notre ventre-terre matrice, pour commencer. Non, pour recommencer. Une année, un chemin, un voyage, qui durera le temps d'un tour du soleil, un nouvel espace-temps, enfin remis en mouvement.
Le corps se découvre, se remet à courir, à marcher, à danser, à bouger. À chasser.
Comme les chouettes qui lancent leur parade nuptiale à grands coups de houhouhou au cœur des nuits encore fraîches, les accouplements reprennent.
Nous pressentons le printemps. Nous l'*intuitionnons*.
Après avoir encore accepté, symboliquement, de tout oublier de l'année passée, du chemin passé, du voyage passé, un nouveau s'offre à nous, en toute pureté, en toute libération de l'ancien.
Comme le pied engagé après une remise à zéro, l'iMac relancé après un redémarrage, nous repartons pour un tour !
Comme une étincelle nouvelle, de vie et de lumière.
L'oubli volontaire du passé, donc de l'année précédente, est la clé de cette lunaison.
C'est ici et maintenant que nous redémarrons, et c'est aussi ici et maintenant que certaines résistances apparaissent, celles qui ne veulent pas que nous laissions derrière nous le « avant », l'année d'avant, la saison d'avant. Puis toutes les autres.
Comme un big bang, cette lunaison nous fait exploser en bribes d'énergies et de lumière pure pour reformer un monde. Chaque année, chaque mars, chaque lune du ver.
Le ver qui a creusé la pomme et métabolisé son sucre pendant des mois, pour à présent en sortir repu.
Nos réserves ont été puisées, nos mémoires purifiées, nous pouvons sortir le bout de notre nez, gorgé·e·s des sucres qui nous ont fait passer la matière dense du repli.
Passer l'hiver et son fleuve de l'oubli, ça n'est qu'une métaphore.
Passer la période sombre, ses renoncements et abandons nécessaires, intégrer nos forces comme des sucres glycogènes pour nos muscles, retourner à la conquête, retourner à la quête.

Alors on fait confiance, s'il te plaît !
Et pas qu'un peu.
Une confiance totale au présent qui impulse le demain. Une confiance totale dans ce nouveau temps, ce nouveau mars, bien différent de celui d'avant...
Tout a changé, et tout aura toujours changé quand nous entrerons dans la lunaison du ver.
La métamorphose a opéré, sinon comment redémarrer ?
Les énergies eau et air sont celles de ce mois lunaire.
Des vagues, des ondes, des vents, des grêles. Des respirations.
Les émotions reviennent alors, endormies elles aussi.
Nous sommes prêts à (re)parader, à (re)aimer, à (re)serrer, à (re)embrasser.
Nous sommes prêts à (ré)enfanter. Projets, histoires, idéaux, rêves, créations, bébés.
Sentiments et intuitions sont en action.
Comme une grande marée, la nôtre, celle de notre come-back. Celle qui nous révèle ce (ceux·celles) que nous aimons.

Pendant cette lunaison, je travaille sur :

- Terminer de lâcher prise sur mes mémoires émotionnelles ou familiales.
- Pardonner.
- Envoyer ma facture au karma notée : OK, dette payée !
- Être amoureux·se, le tomber, le déclarer, le consommer.
- Plonger une dernière fois dans mes dettes karmiques et passées.
- Faire confiance et convoquer l'amour dans la matière.

DO

- V Je reprends le sport ou une activité qui met mon corps en mouvement.
- V Je fais l'amour ou m'unis.
- V Je fais des rencontres.
- V J'accueille mon nouveau cycle.
- V J'active mon intuition.
- V Je commence.

DON'T

- × Je ne reste pas accroché·e à mon « c'était mieux avant », ou son grand frère « je veux que ça reste comme avant ».
- × Je ne refuse pas de pardonner et d'oublier.
- × J'évite les petits accidents par manque d'échauffement, du corps, mais aussi du cœur et de l'esprit.
- × Je ne réfléchis pas, mon mental ne m'est d'aucun secours à ce moment d'impulsion.

BONUS

- \+ J'ai le droit d'agir et de réfléchir après.

QUESTIONS

- › Que/Qui dois-je pardonner ?
- › Qu'est-ce que j'aime ?
- › Qui j'aime ?
- › Qu'est-ce que je commence de nouveau ?

La nouvelle lune des fins

C'est la dernière nouvelle lune d'hiver avant l'équinoxe de printemps.
Elle porte les fins. La fin du cycle précédent, la fin de la période de régénération et la fin de la traversée d'oubli entre l'avant et le maintenant.
Elle fait renaître l'intuition par la dissolution des mémoires émotionnelles de l'année passée.
Fin de relation, de projet affectif, remise à niveau des schémas tête/cœur/corps.
Elle offre la possibilité du pardon vrai, détaché.
Comme celle de l'amour vrai, inconditionnel.
C'est une lune de grandes émotions, illimitées, profondes, et de rêveries d'initiation, c'est-à-dire de projections sur l'année qui arrive.
Les âmes et les cœurs peuvent réellement se connecter pendant cette lune, alors si tu aimes quelqu'un, c'est le moment de plonger. De danser, de parader, de hululer comme la chouette de mars, vers elle ou lui.
Un travail sur les mémoires profondes, enfouies, karmiques, se fait presque totalement à ton insu pendant cette lune, l'idée est de se laisser faire.
L'idée est de ne pas résister.
Son principe Yin est générateur, parasympathique, donc inconscient, la lune est là pour générer un nouveau cycle émotionnel et affectif.
Pour recontacter nos émotions, les moches et les belles, les belles surtout, car les moches on les oublie, sans mental, sans résistances.
Son élément est l'eau. Celle qui génère les formes et nourrit la terre.
Sa polarité est Yin, qui génère les émotions, et me pousse à dire « je t'aime » à Nico, le facteur mignon.

Je recontacte mes émotions.

La pleine lune du ver

Elle vient porter l'apogée de cette lunaison d'éveil nouveau.
C'est la première après l'équinoxe de printemps, le grain nouveau.
Elle marque le début de l'année astrologique et énergétique, qui commence lorsque le soleil arrive en Bélier le 20 mars sur l'étape 1 de la roue.
La roue de la vie, la roue de l'année, est lancée, ça y est !
Pleine lumière sur le nouveau cycle.
Renaissance du corps et mise en équilibre.
Car pour marcher (à peu près) droit, l'enfant apprend l'équilibre. Car pour se balader sur le nouveau fil tendu d'une année, nous apprenons l'équilibre.
L'harmonie cœur/corps/esprit. Un peu de ça, un peu de ci.
Et l'équilibre, c'est la paix.
Rien de plus, rien de moins, en vrai.
Pendant cette pleine lune de nouvelle année, nous apprenons à être en paix.
Alors oui, des unions et désunions sont au cœur du sujet.
La justice est demandée.
L'équilibre Yin/Yang, les ressentis masculin/féminin activés.
C'est un reset, une remise à zéro.
Si la nouvelle lune relançait le nouveau cycle émotionnel, cette pleine lune vient démarrer le physique.
Son élément est l'air. Le ciel premier qui exige de la vie, celui qui féconde la terre.
Sa polarité est Yang, qui manifeste le nouveau cycle physique, et me force à m'inscrire au Club Med gym.

Je suis en paix.

PRÉPARATION

Exercice de la nouvelle lune

Mon kit de rituel

Me connecter aux pleines et nouvelles lunes

Tout au long de ce carnet, et de l'année, tu es invité·e à célébrer, connecter, intentionner et manifester avec la lune. Accompagner ses cycles, lui demander coups de pouce et clartés, libérations et souhaits. Introspecter ou pleurer, bref ritualiser.
Chaque rituel est unique, personnel, et tu peux bien les faire quand et comme tu veux, te laissant guider seulement par tes ressentis et les phases de l'astre de la nuit.

Cependant, si tu souhaites sacraliser et rendre spécial ce moment rien qu'à toi, par la force de l'intention, mais aussi du décor, voici comment installer ton cercle et de quoi le composer.

LISTE D'ARTEFACTS NON EXHAUSTIVE :
Tu pourras avoir besoin de bougies blanches, ou spécifiques selon les rituels et exercices, d'encens, de palo santo, de sauge blanche en bâtons de fumigation. De tes cristaux et pierres préférés, talismans, photos, bijoux, objets porte-bonheurs ou souvenirs.
De coquillages, d'huiles essentielles, d'eau.
De coussins, de couvertures, d'un tapis (de sol ou de yoga), de musique.
De stylo, de feuille, et bien sûr de ton carnet.

POUR FORMER TON CERCLE :
Le soir ou la journée de la lune que tu souhaites célébrer, trouve un endroit calme chez toi, où t'installer.
Puis forme le cercle. C'est-à-dire, crée un espace protégé, sacré, et circulaire, dans lequel tu vas t'asseoir.
Ça peut être avec des ami·e·s, et dans ce cas-là, c'est très simple : vous vous asseyez tous.tes ensemble, en cercle, et disposez les bougies et l'encens, comme vous le ressentez.
Ça peut être seul·e, et dans ce cas, il te faudra former le cercle avec des objets, cailloux, bougies chauffe-plats, grigris. Ce que tu veux, le tout est que tu formes un rond.

À chaque début de rituel et exercice, tu ouvres le cercle, en le formant, avec donc tes potes ou des objets. Et à chaque fin, tu le refermes, en disant toujours merci à la lune et à l'Univers, et en soufflant toujours les bougies et l'encens.
Voilà, tu es prêt·e pour t'incarner avec la lune, grâce à ton kit de rituel !

Tu pourras le remiser dans un carton entre chaque lune, si tu souhaites être discret·e sur ce moment de connexion rien qu'à toi !

LIBÉRATION

Rituel de la nouvelle lune

Le pardon *Ho'oponopono*

Sortir du triangle bourreau, victime, sauveur

Ton Kit de rituel + la nouvelle lune + toi

Inspiré d'une technique ancestrale, utilisée à l'origine par les tribus pour résoudre leurs conflits sur la base d'un cercle d'écoute et de parole, ce rituel refuse toute notion de victime, ou de bourreau.
Il est un nettoyage énergétique qui fait disparaître les souvenirs et croyances qui bloquent et induisent nos patterns, ces schémas nous menant toujours aux mêmes disputes, aux mêmes conflits, aux mêmes confrontations.

Pendant la nouvelle lune, 24 heures avant ou 24 heures après, installe ton cercle, fais le calme en toi, respire profondément.

Puis répète-toi ces 4 mots : *Désolé·e, Pardon, Merci, Je t'aime.*
En pensant à la situation dont tu n'es pas très fier·e, sans aucune attente !
Autant de fois que nécessaire, peut-être, jusqu'à ce que les larmes coulent, ou le rire, la joie, jusqu'à ce que l'émotion sorte.
Ouvre-toi, ouvre encore et encore.

Désolé(e): je reconnais le conflit, je l'observe et l'accepte.

Pardon: j'ai la possibilité de me pardonner, et de pardonner l'Univers d'avoir créé cette situation.
Le pardon mène à une libération pour toi, et pour l'autre.
N'accuse pas, pardonne.
Responsabilise-toi face à ce qui arrive.
Tu es mon plus beau et ma plus belle chef·fe de tribu !

Merci : à ton âme, à l'Univers, à quelqu'un même, d'avoir réveillé cette mémoire cachée en toi.
De te permettre d'en identifier le bouton déclencheur.
Tu donnes un sens à la situation en trouvant ce qu'elle t'a appris, et ce qu'elle te permet de nettoyer.
Le merci amorce le changement positif.

Je t'aime: il active le nettoyage de la mémoire, ou croyance limitante, en balançant une énergie de *pur love* à soi et l'Univers. À l'autre.
On renoue avec l'amour au lieu de rester dans le négatif.
Responsable mais pas coupable, juste responsable.

Nous demandons à la lune et à l'Univers de nous laver de nos blocages pour avancer avec la formule *Ho'oponopono*, dite à l'intérieur de soi dès qu'un conflit, une rage, ou une émotion négative surgit.
Quand tu as terminé, remercie la lune et l'Univers et toi.

Et en plus, même pas la peine d'aller voir l'autre partie, personne, relation, pour lui dire, ce travail est intérieur.

MANIFESTATION

Exercice de la pleine lune

Fabrique ton eau de lune

Former tes souhaits

Ton kit de rituel + de l'eau filtrée + une bouteille ou fiole + la pleine lune + toi

À la tombée de la nuit, et une fois seulement qu'elle est noire et que la lune est pleine, place un récipient, plus ou moins grand, et rempli d'eau filtrée, sous la lune (jardin, balcon, rebord de fenêtre, etc.).
Laisse cette eau s'énergiser des rayons lunaires toute la nuit, mais veille à la retirer avant le lever du soleil !
Remercie la lune de l'avoir transformée de sa lumière pendant l'obscurité.
À l'aide d'un entonnoir, ou d'un cône de papier, remplis la bouteille de cette eau lunaire.
Tu t'en serviras pour arroser tes plantes, comme lotion purifiante ou même pour laver tes culottes et chaussettes pendant toute la lunaison.

Elle reste activée jusqu'à la pleine lune suivante.

MANIFESTATION

Rituel de la pleine lune

La feuille à souhaits

Projeter tes souhaits

Ton kit de rituel + une dizaine de fleurs aux couleurs vives
+ 1 bougie de couleur + ton cristal préféré + stylo et carnet
+ la pleine lune + toi

Après avoir installé le rituel en ouvrant le cercle, dépose tes fleurs en cercle, et mets-en une de côté pour plus tard.
Fais le calme, ton carnet posé devant toi.
Tiens ton cristal dans une main, puis inspire et expire profondément 5 fois.
Écris sur la feuille de papier (ou ton carnet) ce que tu souhaites manifester ou créer.
Place la bougie et la feuille de papier à l'intérieur du cercle.
Ne lâche pas le cristal.
Prononce ta manifestation, ou ta création, à voix haute 3 fois, puis allume la bougie.
Le cercle est sacré, imprègne-toi de son énergie.
Lorsque tu le sens, souffle la bougie, puis remercie la lune et l'Univers.

Ferme le cercle et va faire un gros dodo.

Avril
La lunaison rose ou lunaison de Pâques

Les nouveaux pas du Premier
Se nourrir

Rose comme une fleur de cerisier
ou une matrice utérine.

C'est la convocation de notre force d'amour dans la matière, le moment de se reconnecter à la terre.
Donc celui de l'amour de soi, car aimer la terre, c'est s'aimer soi !
Entre ciel et terre comme disent les Chinois.
Le ciel (air), la terre (terre) et l'humain (eau / feu).
La sensualité est au maximum, le printemps en somme !
La beauté s'invite partout, les parfums, les odeurs avec une vraie intensité.
Pour le sexe, par le sexe. Celui des pistils et celui des hommes.
C'est le moment de l'épanouissement, des nourritures.
Celles qui remplissent, alimentent, renforcent notre action personnelle, les sucres stockés qui irriguent à nouveau les muscles, la peau, les nerfs vecteurs de sensorialité. On touche, on goûte, on sent, on boit, on caresse, on entend.
C'est l'éclosion et l'action du nouveau.
Ce qui dépasse les apparences.
Et nous aussi, dans cet ici et maintenant, nous dépassons toutes nos apparences.
L'énergie de revitalisation est complète, donc nous agissons.
Cette lunaison c'est le plein de carburant, et notre meilleur carburant, le plus écologique et efficace est la beauté.
Le feu et l'eau sont activés.
C'est le printemps, la roue de la vie recommence à tourner, et ce sont les sensations qui l'actionnent, sur cette étape 2.
Gaïa, la Terre Mère nous offre ses plaisirs, sa force, son abondance.
Bien assis·e·s sur nos racines karmiques, oublié·e·s volontairement lors des deux précédentes lunaisons, nous sommes comme une belle grosse vache dans son pré.
Nous sentons le soleil chauffer le cuir de notre peau endurcie par l'hiver, broutons une herbe verte et parfumée, comptons fleurette aux autres copines vaches au fond du champ, et nous épanouissons sur nos mémoires karmiques.
Enterré·e·s sous nos fesses, nos dons et talents innés, nos acquis.
Révélons-les !
Par la pulsion s'il le faut, comme des pionnier·ère·s.
Une énergie puissante vient de la terre pour nous libérer, pour nous aider à le faire. Le pas.
Celui qui mène vers l'avant.
C'est l'étape de **la revitalisation de notre être**.
Mais attention, car la vache peinarde dans son pré peut y rester, ne remarquant même pas, trop occupée à kiffer ses plaisirs et ses nourritures, que les clôtures sont ouvertes.
Le feu nourrit notre action en brûlant les fers des chaînes et racines sèches.
Et même si ça fait peur, on met le pied devant l'autre, on enlève les petites roues du vélo, on s'active.

Pendant cette lunaison je travaille sur :

- Mes valeurs, ce en quoi je mets de la valeur.
- Les plaisirs qui me nourrissent, ceux qui m'intoxiquent.
- Mes pulsions de vie.
- La conscience de mon corps et de son intensité, donc celle de la vie et de la mort.
- Ma sexualité et ma sensorialité.

DO

V J'excite (les corps/cœur/âme).
V Self care.
V J'active ma créativité.
V Je saute sur mon voisin, un plat de gnocchis, ou dans la rénovation de ma maison.
V Je défais enfin les dernières chaînes, et toxicités. Je quitte patrons et relations perverses ou agressives, drainantes.
V Je jouis.
V J'avance.

DON'T

× Je n'utilise pas la violence présente dans cette lunaison pour la destruction (ou l'autodestruction).
× Je ne m'enferme pas dans une cellule (symbolique) ou des relations toxiques.
× Je ne reste pas immobile.
× Je fais attention à ne pas trop manger, trop boire, trop goûter, trop remplir le réservoir.
× Je ne refuse pas la sensualité, et ne reste pas dans le mental.

BONUS

\+ J'ai le droit de poser mes limites et mes barrières, aux autres et à moi-même.

QUESTIONS

› Qu'est-ce qui me nourrit ?
› Qu'est-ce que je dois éliminer, déféquer ?
› Quelle est ma valeur ? Quelles sont mes valeurs ?
› Qu'est-ce qui me limite ?

La nouvelle lune rose

C'est la première nouvelle lune de printemps, qui mène l'action par la matière, par le feu. **Nous sommes comme un moteur**, énergisant par son carburant, prêt·e·s à démarrer, par l'explosion. Explosion des sens, de la vie. Prêt·e·s à casser des murs, passer des portes, seul·e·s et autonomes.
Prêt·e·s à l'indépendance.
Prêt·e·s à découvrir des nouveaux territoires physiques, sensoriels, émotionnels.
Prêt·e·s à foncer tête la première, le corps en frissons et après, la réflexion !
C'est une lune de pas, le premier de l'enfant qui passe du quatre pattes à la station debout, balbutiant peut-être, chutant encore sûrement, à cause des peurs. De tomber justement.
Car si cette lune nous fait avancer, la pleine, qui est à son apogée, réveillera les peurs.
Essentielles, car pour marcher, il faut d'abord tomber.
Car pour vivre, il faut savoir qu'on va mourir.
Pour s'épanouir et ressentir, il faut avoir la pleine conscience du cadeau de l'incarnation, par les sens.
Une compulsion de vie est là, très forte, peu importent les risques, peu importent les racines.
On s'en affranchit.
Cette nouvelle lune porte les débuts de toutes choses.
Le Yang ramène la vie en nous, en pure énergie de combustion, avec l'élément feu.

J'avance sans entrave.

La pleine lune de pâques

Cette pleine lune vient exposer notre conscience du corps et son intensité.
Elle est en Scorpion, évidemment. Le meilleur pour se sentir vivant en comprenant les mourants, le meilleur pour déjouer les peurs, le meilleur pour renaître.
Une intensité de ressentis, de sensations, de plaisirs. De vie.
Une intensité de douleurs, de souffrances, de maladies ou de toxicités, de mort.
Une pleine lune du *healthy*/ non *healthy*, mais avec un peu, beaucoup, de sexe!
La puissance primale des jolis petits animaux que nous sommes est activée, non sans une certaine violence, mais pour faire joli, on dit **intensité**.
Une violence pouvant servir à la fois nos succès et nos destructions. Une excitation maximale.
Une créativité complètement réveillée.
Par la renaissance des sens, et cette étape 2 de la roue de l'année et de la vie. Celle où, positionné·e·s sur nos dons hérités (karmiquement), et donc innés, nous les laissons nous guider.
C'est une très belle lune pour les artistes, compositeurs, poètes, cuisiniers, peintres, pour les amoureux passionnés, pour les épicuriens.
Un peu moins pour la ligne, mais on ne va quand même pas démarrer en sous-régime, là on fait le plein !
Le principe Yin est activé pour nous aider à l'épanouissement de notre sensualité et créativité.
Par l'élément eau, celle qui nourrit la terre, celle qui forme la vie, celle aussi qui compose 70 % de notre body!
Notre gasoil à nous, c'est la flotte, donc les émotions, excitées par les stimuli extérieurs, les sensations, et cette lunaison en est un rappel!

Je ressens.

Exercice de la nouvelle lune

Tirage à 3 cartes de la gratitude

Ressentir que tu es guidé·e

Ton kit de rituel + un jeu de tarot, oracle ou cartes (tu peux utiliser les Mooncards du carnet) + ton carnet + un stylo + la nouvelle lune + toi

Installe ton rituel en activant ton autel et/ou en ouvrant le cercle.
Allume tes bougies, brûle ton encens, entre en respiration ou en petite méditation.
Fais le calme, la paix.
En respirant, visualise ton ancrage, tes racines, ton corps sur la terre.
Respire avec le sol, en imaginant l'énergie qui remonte depuis le centre de la terre jusqu'à travers toi en inspirant, puis redescends en expirant.
C'est un moment parfait pour te sentir en gratitude immense à l'Univers, à la lune, mais aussi pour te remercier toi, pour ce moment que tu t'offres, que tu t'accordes.
Prends un stylo, et ton carnet, pour noter tout ce dont tu peux être reconnaissant·e, en ressentant ce qui t'a plu depuis la nouvelle lune, ému·e, fait sourire ou rire, donné de la joie et du plaisir.

Puis prends ton jeu de tarot, oracle ou les *Mooncards* du carnet.
Après avoir battu et coupé les cartes, comme tu veux et surtout comme tu le sens, tire 3 cartes.

1. Ce sur quoi je dois me concentrer pendant ce cycle.
2. Ma force, sur laquelle je peux m'appuyer en confiance.
3. Ma faiblesse qu'il reste à travailler et/ou libérer.

Note maintenant tes ressentis sous tes gratitudes.
Observe les liens.
Lorsque tu te sens prêt·e, souffle les bougies et ferme le cercle.

Tu pourras garder ces 3 cartes à portée de regard pendant le reste de la lunaison, comme des Post-it bienveillants et encourageants.

Rituel de la nouvelle lune

Le chèque d'abondance

À remplir dans les 24 heures qui suivent la nouvelle lune

Ton kit de rituel + un chèque (tu peux utiliser celui du carnet)
+ un stylo + la nouvelle lune + l'Univers + toi

Installe ton cercle et ton autel si tu le souhaites, prépare ton chèque d'abondance devant toi, et fais le calme.
Visualise la lune dehors.
Respire profondément puis, quand tu te sens prêt·e, commence à remplir ton chèque d'abondance.

Dans la case « montant en lettres », tu peux écrire : *Je reçois toute l'abondance, les bienfaits et la prospérité.*
Pas besoin d'inscrire un réel montant, l'Univers ne regarde pas à la dépense.
Dans la case « montant chiffré », tu peux écrire : *Tout ou Payez en intégralité.*
Dans la case « ordre » : *Ton nom et ton prénom* (ou celui d'un proche si tu ne remplis pas ce chèque pour toi).
Signe le chèque avec la mention : *la loi de l'attraction* ou *la loi de l'abondance.*
Dans la case « lieu », renseigne : *ici et maintenant.*

Range ce chèque dans un tiroir, un livre, à la fin du carnet, un petit coin où tu pourras le regarder ; tu peux aussi le mettre bien en évidence, sur ton frigo par exemple.
Tu peux préciser au dos du chèque tes souhaits, rêves et envies.
Attention à ne rien exiger et ne pas marquer l'attente ou l'impatience, sinon ça ne marche pas !
Tu peux le faire suivre de n'importe quel autre rituel, ou juste refermer le cercle, et remercier la lune et l'Univers.

Ce rituel peut être répété pendant d'autres nouvelles lunes, mais dans ce cas, il te faudra brûler le chèque précédemment rempli ou payé.

montant en lettres

montant chiffré

ordre

lieu

signature

montant en lettres

montant chiffré

ordre

lieu

signature

montant en lettres

montant chiffré

ordre

lieu

signature

PROTECTION

Exercice de la pleine lune

Méditation d'ancrage

Installer la douceur

Ton kit de rituel + YouTube + la pleine lune + toi

Le soir de la pleine lune, installe ton cercle et/ou autel dans un lieu calme et confortable en visualisant la lune.
Prévois des coussins, plaids, couvertures, tout ce qui te fera te sentir dans un cocon, à l'abri.
Allume quelques bougies, puis commence la méditation guidée en suivant le lien ci-après :

Prends tout ton temps, c'est ton moment.
Cette méditation va t'aider à créer une bulle protectrice, un refuge intérieur de douceur rien qu'à toi. Tu pourras l'utiliser en ouverture des autres exercices et rituels, afin de te connecter à ton espace intérieur, en sécurité. En paix.

Lorsque tu as terminé, n'oublie pas d'exprimer ta gratitude à la lune et à l'Univers, puis ferme le cercle.

INVOCATION

Rituel de la pleine lune

Se relier aux éléments

Saluer tes guides

Ton kit de rituel (facultatif) + l'extérieur,
un jardin ou un balcon, une jolie ruelle, une forêt
+ la pleine lune + toi

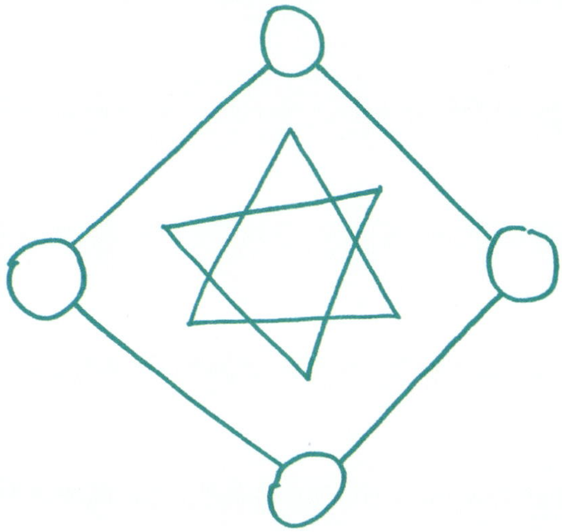

Ce rituel est très simple et particulièrement puissant, il te connecte aux éléments.
Sous forme de prière, incantation si tu préfères, personnellement, j'aime parler de *Salutation*.
Le soir de la pleine lune, à la nuit tombée, sors simplement dans un lieu qui te convient, dans lequel tu te sens sur terre, puis respire profondément.
Alors tu peux prononcer ces mots, ou les tiens qui leur ressembleraient :

Je ressens la terre, la terre me soutient,
Je respire l'air, l'air m'inspire,
Je bois l'eau, des fleuves et des rivières
qui me libèrent,
Je souffle le feu, de la flamme
qui m'éclaire.
J'entends la musique, je suis dans l'Éther,
Je respire les éléments, je respire la vie.

Mai

La lunaison de lait ou lunaison de l'attente

L'abondance du Premier Féconder

Le lait ou l'attente comme symboles des semences, le moment des plantations germées par la Lune de mars.

C'est la floraison dans toute sa vérité et son authenticité.
Une grande sagesse est à tirer de cette découverte de soi, du Soi, de sa propre énergie implantée dans la vie. Comme une fleur qui libère son parfum et son nectar en libre-service aux abeilles.
La prise de conscience trouve sa place dans cette lunaison.
Identifier ce qui nous empêche d'avancer librement, de faire grandir, soi-même, une relation, ou un projet.
Alors l'énergie du lait propose l'introspection, l'ancrage dans la terre mère, et la conscience de soi pour trouver l'harmonie.
Pour apprendre cette fois, car à cette étape nous sommes toujours des jeunes enfants découvrant l'année (la vie), à être authentiques, dans tout notre être.
Nous sommes capables de féconder notre existence, notre quotidien, notre *crush*, nos projets, notre pensée, pour peu que nous soyons vrai·e·s !
Les énergies antagonistes de terre et de feu accompagnent ce mois, presque en lutte, entre envie d'impulser, de semer, d'ensemencer, et nécessité de base solide. Entre spermatozoïde et ovule finalement, pour former la cellule, le projet, le souhait.
Cette étape 3 réclame de faire entrer l'amour, mais de soi en premier lieu.
Aller chercher cet amour chez l'autre sera à ce moment-là une facilité, un réflexe presque inutile, un « Je vais pouvoir me reconnaître grâce/à cause de l'autre si différent de moi ».
Mais pourtant si semblable…
On se méfiera des effets miroirs, ou des évitements de se regarder en face, avec cette lunaison nous sommes toujours, à ce stade du cheminement de l'année, face à nous-mêmes.
Face à nos divisions, nos nourritures, nos excès, nos fertilités.
Et nous apprenons à attendre.
Attendre d'être prêt·e·s, pleinement fécond·e·s, pleinement débarrassé·e·s de nos poisons, totalement authentiques dans nos deux polarités, ombre et lumière, noyau et pétale, intérieur et extérieur, maturation et manifestation. Physique et psychique.

Pendant cette lunaison je travaille sur :

- Ma division interne, mes parts d'ombre et de lumière.
- Mon authenticité.
- Ma lucidité et prise de conscience de qui je suis vraiment.
- Mes choix.
- Mes projets bons et mauvais.
- Mes maux physiques et émotionnels.

DO

- V *Self love.*
- V Je me désengage des schémas répétitifs.
- V Je soigne le corps et le cœur.
- V J'entre en introspection, méditation, psychothérapie, accompagnement thérapeutique.
- V Je pose un contrat entre mon bon et mon mauvais.
- V Je me réunis et je fais des choix.
- V Je gère mon argent, mes possessions, mes acquis, mes biens.

DON'T

- × Je fais attention aux mensonges et simulations.
- × Je n'entretiens pas (ou plus) des relations affectives ou professionnelles à effet miroir.
- × Je n'ai pas peur de me regarder en face, ou au contraire j'essaie de ne pas être trop dur.e avec moi-même.
- × Je ne m'accroche pas au passé.
- × Je ne laisse pas traîner dettes et factures impayées, ne me fais pas arnaquer.
- × J'évite de me disperser.

BONUS

- + J'ai le droit d'aimer toutes les parties de moi.

QUESTIONS

- › Qui suis-je vraiment ?
- › Comment j'implante mon énergie dans ma vie ?
- › Qu'est-ce que j'aime chez moi ? Qu'est-ce que je n'aime pas ?
- › Quelles sont les histoires que je me raconte ou que je raconte aux autres ?

La nouvelle lune du lait

C'est la première nouvelle lune pour faire entrer l'amour, pour trouver l'estime de soi, le *self love*.
Elle propose une harmonisation de nos principes féminin et masculin, avec comme cadeau, parvenir à aimer toutes les parts de nous-mêmes, les moins lumineuses aussi.
Parce que notre valeur est définie à présent, et c'est celle-ci !
Nous avons de la valeur et nous avons des valeurs.
L'argent peut d'ailleurs être une des préoccupations de cette lunaison, tout comme le corps, l'apparence ou la santé.
Les nouveaux projets sont initiés, et il convient de les nourrir à leur tour, de les porter.
Pour cela, un détachement clair et définitif des schémas en boucle, ou anciens, est demandé.
L'amélioration, c'est le projet.
De soi, de son amour de soi, de l'autre, mais aussi plus pragmatiquement, de sa forme et de ses douleurs affectives.
En introspection et en les accueillant, en reconnaissant tout ce qui fait du mal et tout ce qui fait du bien, tout ce qui est mauvais et tout ce qui est bon, tout ce que nous n'assumons pas et tout ce que nous assumons. Nous initions une harmonisation volontaire. Choisie.
Le principe de l'élément terre est activé, la polarité Yin qui forme la matière, pour nous aider à *upgrader*.

Je change tout ce qui fait que je ne m'aime pas.

La pleine lune du lait

C'est la première pleine lune du Soi.
Celle de **l'éthique personnelle**, de l'intégrité, de l'authenticité.
À soi-même d'abord, pour aller vers les autres et vers la lumière. Pour pointer le soleil librement de sa flèche, avec courage et idéalisme.
À cette apogée du cycle, il y a beaucoup de force dans notre ici et maintenant, et il est possible d'activer la loi de l'attraction.
Quand bien même avec une certaine sauvagerie, animalité, comme le centaure Sagittaire mi-homme mi-cheval qui accueille cette pleine lune dans sa constellation.
Les choix arrivent alors. Du centre de la poitrine.
Pour travailler les inquiétudes, pour identifier quelles histoires on se raconte ? À nous-mêmes, sur nous-mêmes. Et sur les autres.
Une énergie porte les nouveaux projets, profitons-en !
Car ce sont réellement nos aspirations que nous choisissons là, nos ambitions et nos relations.
En fait, nous choisissons nos forces.
Avec humilité et sagesse. Dans le calme. La difficulté principale sera d'ailleurs de le rester...
De ne pas céder à l'appel de la fuite, ou de la course effrénée.
Le principe Yang de feu pousse à la prise d'indépendance pour projeter vers l'avant, vers l'avenir, vers en haut. Vers la lumière.
Oui, mais sans l'aide des autres.

Je suis assez.

INTENTIONS

Exercice de la nouvelle lune

Faire page blanche

Former l'intention

Ton kit de rituel + une ou plusieurs pages blanches (tu peux utiliser celles de ton carnet) + un stylo + la nouvelle lune + toi

À remplir 24 heures après l'heure exacte de la nouvelle lune, en se recentrant sur soi, et sur ce qui nous correspond vraiment.
Ouvre ton cercle, et après une petite méditation avec de longues inspirations/expirations ventrales, connecte-toi à l'énergie de la lune en la visualisant, ou en la regardant directement.
Une fois prêt·e, remplis la page blanche de tes intentions ou de tes vœux, sous la forme affirmative et au présent.
Une dizaine d'intentions maximum. Une ligne par intention.
Le présent les aide à se manifester. Par exemple : « Je suis en bonne santé. Je drague le voisin ».
Ne te limite pas, mais reste bienveillant·e, cool et raisonnable.
Tes demandes doivent te faire te sentir en phase.
Quand tu as terminé de remplir ta page, lis tes lignes à voix haute en faisant comme si chacune s'était réalisée, en ressentant la joie et le plaisir, comme si tu y étais.

N'oublie pas que le plus important et le plus magique est l'intention non pas ce que tu écris, mais que tu mets en écrivant, car elle provoque les vibrations que tu émets, ma jolie petite antenne, à la lune et l'Univers, qui, rassure-toi, ne te laisseront jamais en « vu » !

Cette page peut être brûlée si tu le souhaites, mais elle peut aussi être conservée toute l'année en n'hésitant pas à revenir dessus pour barrer, entourer, ou souligner, les intentions et les souhaits accomplis.

Tirage de tarot de l'intention

Trouver la bonne question

Ton kit de rituel + un jeu de tarot, oracle ou cartes d'intentions
(tu peux utiliser les Mooncards du carnet)
+ la nouvelle lune + toi

Installe-toi dans un lieu calme et serein, tu peux allumer une bougie, un bâton de fumigation ou de l'encens, des fleurs séchées, et tout ce qui pourra t'apaiser et te centrer.
Des cristaux relaxants liés à l'énergie de la lune peuvent t'aider, comme l'améthyste, le quartz rose ou la sélénite.
Une diffusion d'huile essentielle de lavande ou de rose aussi.
Ouvre ton cercle, et après une petite méditation avec de longues inspirations/expirations ventrales, connecte-toi à l'énergie de la lune en la visualisant, ou en la regardant directement, même si tu ne la vois pas !

Quand tu es prêt·e, tire 6 cartes dans cet ordre :

1. Où j'en suis ?
2. Quelle intention dois-je poser sous cette nouvelle lune pour grandir ?
3. Quel blocage peut m'entraver ?
4. Comment je m'en libère ?
5. L'énergie disponible pour moi si je pose cette intention.
6. Le conseil de l'élément.

Prends le temps de bien t'imprégner des messages des cartes, ne réfléchis pas, active tes ressentis, puis, passe à l'exercice.

PURIFICATION

Exercice de la pleine lune

Mon infusion de nettoyage lunaire

Elle pourra être bue à chaque pleine lune, entre 2 jours avant et 2 jours après, en cure.

1 g de feuilles d'absinthe + 2 g de feuilles d'armoise + 2 g de feuilles de menthe + 1 g de feuilles de sauge + quelques baies de genièvre + du fil d'argent pur (ou une théière / récipient en argent pur) + une carafe d'au moins 70 cl + de l'eau + la pleine lune + toi

Artémis, la déesse grecque de la lune, protectrice, guérisseuse et fertile, a donné son nom à l'armoise *(Artemisia)*, qui est une plante aux feuilles argentées qui brillent sous l'astre de la nuit.
L'élément argent est associé à la lune, pleine ou nouvelle, pour la purification.
Cette infusion aide à se connecter au féminin (même pour les garçons), au Yin primordial, nourricier et guerrier, et à la lune.

24 heures avant la pleine lune, place les herbes dans un récipient en verre avec le fil d'argent, ou dans un récipient en argent.
Recouvre de 70 cl d'eau de source (ou d'eau lunaire), surtout pas brûlante ! À température ambiante ou tiède, c'est l'idéal.
Puis agite bien pour énergiser.
Laisse infuser quelques heures, voire toute la nuit de la veille de la pleine lune.
Égoutte les herbes, et transvase le liquide dans une belle carafe, ou théière, avec une feuille de menthe fraîche que tu auras réservée de côté.
Déguste alors ton infusion pendant toute la journée de la pleine lune.

Ce mélange peut se conserver tout au long de la lunaison, au frais et à l'abri de la lumière du soleil. Il doit être jeté au bout de deux mois maximum.

Le jeûne lunaire

Aider le sommeil

Ton kit de rituel + un frigo vide
+ la pleine lune + toi

Lors des nuits de pleine lune, la mélatonine est sécrétée vers 2 heures du matin. C'est une hormone de stress, et sa production augmentée expliquerait pourquoi on ne dort pas quand la lune est pleine. Un petit jeûne aidera le sommeil et le lâcher-prise de tout ce qui est toxique.

Pendant les 24 heures précédant la pleine lune, nourris-toi essentiellement de liquides : potages, eaux, thés, infusions, jus.
Le jour de la pleine lune, essaie de ne consommer que de l'eau, soit fortement minéralisée, soit additionnée d'hydrolat de rose ou de lavande, d'huile essentielle de mandarine et de jus de citron. Tu peux aussi alterner avec l'infusion de purification de l'exercice pour un rituel complet.

Le lendemain, tu peux réintroduire les aliments doucement, en commençant par des amandes ou oléagineux avec des fruits ou de la compote.

Deuxième période

Été – L'instinct

L'Oiseau vermillon

La couleur rouge

Le Sud

Le Feu

Cancer – Lion – Vierge

Juin – Juillet – Août

Juin
La lunaison des fraises

L'aventure du Premier
Se nourrir

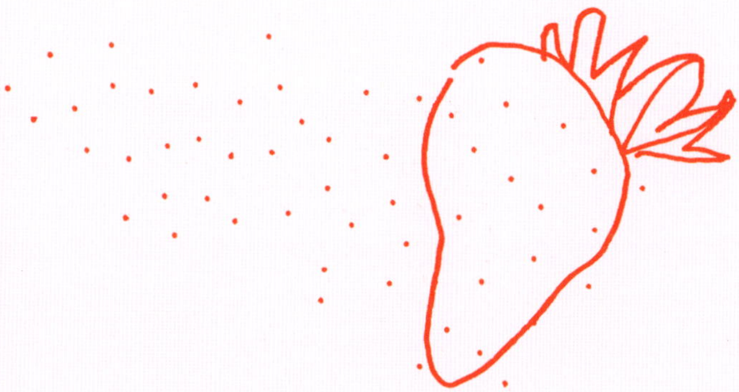

L'échange de pollen et de graines entre les semences devenues mûres.

À présent que je suis en harmonie avec mes choix et mes parts divisées, que je suis réuni·e, autofécondé·e, plein·e d'énergie disponible pour ma vie, c'est le temps de la récolte.
De l'activité.
Je découvre, avec une force juvénile, mon énergie personnelle et celle des autres, sans effet miroir ou toxicité.
C'est le ici et maintenant de **l'échange**, des partages. Avec l'autre, et avec les mondes physiques et psychiques, comme les échanges cellulaires ou la pollinisation.
Ma fleur a le bon nectar pour plein d'abeilles et de projets, ces abeilles ont le bon goût de venir la goûter, échanger.
Ensemble, nous pouvons donner vie à d'autres fleurs, d'autres projets, d'autres formes qui portent leurs fruits, rouges, sucrés et juteux.
Les mouvements relationnels, rencontres, ruptures, associations, peuvent être de la partie.
Les nouvelles rencontres surtout.
Car je vais enfin à la découverte de l'autre, que je vois comme un frère, et qui m'aide à me définir, par le dialogue et le partage.
C'est une période d'affectivité, donc aussi de dépendances affectives, une énergie vibrant toujours aux deux niveaux, élevée et plus basse, ce qui forme sa complétude.
Les transactions, les messages, les informations à capter ou à donner, la parole, sont activés.
Je connais mon nom et ma forme, je peux donc engager l'affirmation du Moi, face au frère (l'Autre symbolique).
La mobilité est de mise, tout vit, tout agit, tout correspond.
Tout se déplace, s'adapte, se disperse un peu pendant cette lunaison, assez mentale.
Elle enseigne la souplesse et la flexibilité, elle apprend à échanger.
Tout comme ses énergies antagonistes air et terre créent des tempêtes de sable, mais aussi des siroccos parfumés.
Nous entrons dans la deuxième période, celle de l'été, celle de l'instinct.
Alors aller vers l'autre le devient.
Un instinct d'expansion arrive comme une brise chaude, pourquoi s'en priver ?

Pendant cette lunaison je travaille sur :

- Mon chakra de la gorge.
- Ma relation avec mes frères et sœurs, ou mes proches.
- Mes rencontres.
- La conscience de mes doutes et mes divisions intimes.
- Ma flexibilité (physique et mentale).

DO

- V Je parle, communique, échange.
- V Je m'affirme, et je me présente (super moment pour les entretiens, qu'ils soient d'embauche ou de date Tinder).
- V Je me mets d'accord avec les autres (contrats).
- V Je donne de la voix, je chante, compose, débats.
- V Je me déplace, voyage, déménage.
- V Je connecte le spirituel.
- V Je trouve ma boussole intérieure.
- V Je m'adapte.

DON'T

- × J'évite les disputes, et le diviser pour mieux régner.
- × Je ne la joue pas solo.
- × Je ne suis ni passif·ve, ni apeuré·e.
- × Je ne fais pas preuve d'immaturité.
- × Je ne cache pas mon amour.
- × Je prends garde aux effets miroirs.
- × Je ne suis pas trop dur·e avec mes enfants, surtout adolescent·e·s.
- × J'essaie de ne pas hésiter, ou tergiverser.

BONUS

- + J'ai un mental activé pour étudier, me former, apprendre une langue ou juste dire ma vérité.

QUESTIONS

- › Qu'est-ce que j'ai à dire, à écrire ?
- › Suis-je assez souple, adaptable ?
- › Qu'ai-je à régler avec ma fratrie ?
- › L'ancrage est-il présent dans ma vie ?

La nouvelle lune de fraise

C'est la première nouvelle lune vers les autres.
Nous sommes prêt·e·s à leur dire, leur parler, leur rire, leur chanter, leur *textoter*: « Je t'aime, je travaille avec toi, je te trouve intéressant·e, tu me passes le sel ? » Nous apprenons la parole.
À quoi sert-elle ?
À s'harmoniser avec les autres, s'unir à un humain, un frère (jumeau symbolique), un prochain.
Un qui m'aide à définir qui je suis. Un alter ego.
Donc un **focus sur nos relations essentielles** est mis autour de cette lune, à toi de définir quelle relation tu appelles « essentielle », mais ne pense pas que ton livreur Colissimo en fasse partie, sauf s'il est sexy !
Prononcer les mots justes et ancrer nos pensées, tout un programme, qui se manifeste énergétiquement par un mouvement du mental vers le ventre, vers les tripes.
Une connexion au spirituel et au subtil, aux plans plus élevés, est favorisée.
Mais pour le faire descendre vers le sacrum.
C'est l'âme qui a envie de causer tu sais, elle a tant de choses à dire !
Alors elle pousse à nous étendre, horizontalement, en cercles, comme des abeilles.
Alors encore, il va nous falloir une boussole, et être sacrément flexibles, pour ne pas avoir la tête qui tourne.
Le principe Yang accompagne cette lune pour manifester la division du Moi, qui pousse à la recherche du jumeau, de la flamme jumelle, de l'âme sœur, de l'associé, du cocréateur. Mais pas de la moitié, besoin qui impliquerait qu'il te manque une partie de toi, et tu sais que je n'aime pas ça !
Tu es plein·e, tu es assez ! La lune d'avant te l'a montré.
Non, là tu viens juste compléter, avec quelqu'un·e qui pourrait te ressembler. Pour vous rassembler.
Comme des cellules qui se divisent pour former la matière.
Et l'élément air vient nous aider, à transporter nos petits morceaux de nous vers des petits morceaux d'autres.

J'échange

La pleine lune de fraise

Elle fait office de guide dans cette aventure vers l'autre, vers le monde, vers le hors soi.
C'est la première pleine lune de maturité.
La force et la puissance du fruit mûr, prêt à être goûté, aimé, et à nourrir job, relation, projet, spiritualité.
L'énergie personnelle est à son maximum, et il n'est alors plus question d'hésiter.
Car c'était la faille des vibrations de cette lunaison, la dispersion, l'hésitation. Et la pleine lune, en bon projecteur qu'elle est, en bon phare qui montre ce qu'il y a à améliorer, le souligne dans cet ici et maintenant là.
N'hésitons plus !
Il s'agit d'être adultes, plutôt des jeunes adultes, adolescent·e·s courageux·ses, et de regarder devant, vers le sommet de notre montagne à grimper. Vers le but à poursuivre.
Les forces masculin / féminin, Yin / Yang sont équilibrées pour regarder vers l'avant, bouger vers l'avant.
Faire le fameux *moove*!
Convoquer en fait, la petite femme derrière le grand homme (en chacun de nous, peu importe notre genre ou sexe), celle qui pousse à faire le plan, emprunter le chemin, guider le peuple, la déesse mère.
Extérioriser ses sentiments est presque obligatoire, mais tu fais ce que tu veux.
Juste, ils seront bien entendus, accueillis, compris.
Il n'est pas question d'être négatifs, et le grand homme l'est parfois, découragé par l'ampleur (ou le poids) du plan à porter, de ses idéaux et de ses projets de vie, alors la petite femme chante pour lui.
Ne soyons pas pessimistes !
D'autant que le partage amoureux est porté par cette lune, le donnant-donnant, tu sais.
Et même si les émotions puissantes sont encore un peu intériorisées, si le réalisme est à maturité, quelque chose se décide là.
En toi, dans ton Je face au Nous.
Le principe Yin (féminin), la petite femme (même chez le plus grand des catcheurs), aide à relativiser la puissance et le flux d'émotions et d'ambitions qui arrivent de partout.
Son élément est la terre, il est comme une boussole pendant cette lune agitée.

Je suis décidé·e.

DÉCISION

Exercice de la nouvelle lune

Les graines

S'aligner au ventre-terre

Ton kit de rituel + quelques graines de fleurs ou de fruits
(les graines de tournesol sont idéales, pas chères et facile à trouver)
+ l'extérieur + la nouvelle lune + toi

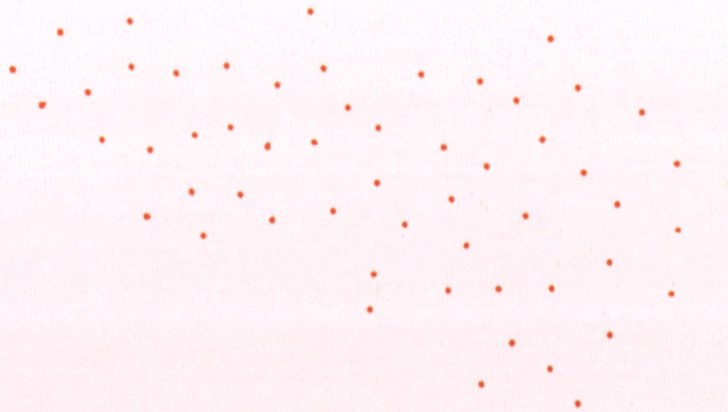

Quelques heures avant la nouvelle lune, ou à son moment exact, choisis un lieu inspirant à l'extérieur de chez toi.
Ton balcon, si tu ne peux pas faire autrement.
Allume ta bougie, brûle la sauge ou le palo santo, puis entoure-toi de ses volutes de fumée pour te purifier complètement, en laissant la place aux nouvelles énergies du nouveau cycle, de la nouvelle lunaison.
Lorsque tu es prêt·e, prends les graines dans ta main et exprime en conscience, et à haute voix, une décision pour chaque graine.
Plante-la, soit dans la nature, soit dans un pot.
Recommence pour autant de décisions que tu souhaites invoquer, prendre, manifester.
Visualise la lune, même si tu ne la vois pas.
Lorsque tu as planté toutes tes décisions / graines, remercie la lune et l'Univers de t'avoir guidé·e vers une nouvelle sagesse, une nouvelle prise de conscience, un nouvel enseignement, une nouvelle manière de vivre, alignés au respect de toi-même, et à ton bonheur.
Clôture l'exercice, et ferme le cercle en soufflant la bougie.

Tu pourras arroser tes plantations avec ton eau lunaire pour en amplifier l'énergie, elles t'accompagneront pendant toutes tes prises de décision, et leur bonne réalisation.

AMOUR

Rituel de la nouvelle lune

Le donnant-donnant

Trouver et donner l'amour

Ton kit de rituel + une page blanche + une enveloppe rouge
+ un stylo + un bol en inox (ou une casserole) + un briquet
+ la nouvelle lune + toi

Le soir de la nouvelle lune, installe-toi dans un lieu calme et serein, tu peux allumer une bougie, un bâton de fumigation ou de l'encens, des fleurs séchées, et tout ce qui pourra t'apaiser et te centrer.
Prépare ta feuille, ton stylo, et l'enveloppe rouge.
Ouvre le cercle et respire profondément 5 fois.
Sur une des feuilles du carnet, ou sur une feuille libre, trace deux colonnes.

Sur la première, note une liste de choses que tu voudrais trouver chez un ou une nouvelle *crush*.
Tu peux être très précis·e sur toutes les caractéristiques que tu recherches.
Si tu connais déjà la personne de ton cœur, écris ses nom et prénom.
Sur la deuxième colonne, fais la liste de tes qualités, celles qui vont compléter cette personne.
Une fois que tu as terminé, glisse la feuille dans une enveloppe rouge.
Remercie la lune et l'Univers, puis ferme le cercle.
Au moment de te coucher, place l'enveloppe sous ton oreiller.
Dors dessus toute la nuit de la nouvelle lune et celle d'après.

Au deuxième matin, brûle l'enveloppe contenant tes listes dans un bol en inox, ou une casserole (en sécurité), et enterre les cendres au pied d'un arbre, ou d'une plante, qui soit proches.

Chaque fois que tu passeras à côté, tu te souviendras de ce que tu attends de donner et de recevoir dans cette relation.

ENFANT INTÉRIEUR

Exercice de la pleine lune

Le bocal à souhaits

Souhaiter le bonheur

Ton kit de rituel + un bocal hermétique avec couvercle + de l'eau de pluie (récoltée pendant la lune croissante, mais ton eau lunaire c'est très bien aussi !) + des clous ou punaises argentés + des fleurs de tournesol ou des fleurs violettes + du basilic frais + de la menthe fraîche + de la cannelle en poudre + du gingembre en poudre + du papier (ou ton carnet) + un feutre bleu + une bougie noire + la pleine lune + toi

Le jour de la pleine lune, mais aussi 24 heures après ou avant, fabrique un bocal à souhaits pour faire sourire ton enfant intérieur.
Installe-toi au calme et en paix, en ayant tous tes ingrédients à portée, ouvre ton cercle, respire profondément.

Allume la bougie noire, et commence à remplir le bocal avec l'eau de pluie ou lunaire, et quelques feuilles de menthe.
Elles repoussent les vies négatives et le pessimisme.
Ajoute ensuite les punaises ou les clous argentés, la cannelle, pour te protéger de celles des autres.
Ajoute les fleurs, soit en pétales, soit entières, pour la puissance et la connexion au ventre-terre.
Le basilic, pour chasser les mauvais esprits et autres énergies toxiques.
Le gingembre te donnera de la force, en une pincée.
Prends maintenant ta feuille de papier (ou une page de ton carnet), puis inscris avec le feutre bleu ce que tu souhaites.
Laisse parler l'enfant intérieur, que veut-il ?
Des objets, des rencontres, des aventures, ne te bride pas, ne te prive pas, fais sortir ta joie enfantine et rêveuse.
Celle des souhaits illimités aux génies, ou aux fées.
Une fois terminé, place la feuille dans le bocal, puis referme-le.

Prends un instant pour remercier la lune et l'Univers, car ce bocal à souhaits va repousser toute négativité, les mauvaises personnes, et le malheur hors de ta vie.

Place-le chez toi, ou emporte-le avec toi quand et où tu le souhaites, comme un talisman qui te fait du bien, même s'il faut un gros sac à main !

DÉCISION

Rituel de la pleine lune

Le bain de lune

Réunir le subtil et soi

La pleine lune + toi

Là tu vas bien aimer, il s'agit d'être à poil, et en plus ça aide à (se) décider !
Le soir de la pleine lune, ou 24 heures avant, mets-toi en sécurité et en privé (si tu le souhaites), et totalement nu·e.

Tu n'as pas besoin d'aller dehors, tu peux faire ça sur ton lit ou ton parquet, si tu vois la lune par ta fenêtre.

Pas de cercle pour ce rituel, ni de bougie, ni de lumière.
Tu t'allonges simplement dans le noir, sous la lumière de la lune pleine.
Laisse ses rayons t'imprégner de leur énergie, et commence à respirer.
Inspire et expire calmement, tranquillement.
Imagine que ton esprit, ton corps, et ton cœur absorbent tous ces rayons.
Maintenant, visualise ton champ d'énergie, sa couleur, et imagine que lui aussi se laisse pénétrer et éclaircir par les rayons lunaires.
Comme au soleil, sauf que si le soleil te dynamise et renforce la vitalité de ton corps et de ton métabolisme actif, la lune, elle, renforce ton métabolisme dit passif.
Mais il est loin de l'être, crois-moi : intuitions, rêves, imagination et émotions y demeurent.
La lune y réveille la douceur, l'enfant intérieur, la réceptivité. La connexion au sacré et la spiritualité.
Donc la capacité de se décider. De vraiment se décider.
Prends le temps qu'il faudra pour ce bain lunaire et, quand tu en as assez, prononce ta décision à haute voix, trois fois.

Puis remercie la lune et l'Univers et tes voisin·e·s de t'avoir admiré·e !

Juillet

La lunaison du tonnerre ou de la danse

La transe du Premier
Ouvrir son cœur

La danse et le son qui bousculent et guident.

Tu sais communiquer avec des mots à présent, et le langage non verbal peut arriver. Les tambours de l'eau et de la terre, les tempêtes et le tonnerre, le son primaire.
Cette lunaison nous fait sortir de notre zone de confort, par la connexion intense au soleil, à la terre, aux éclairs, aux vagues, à la nature.
Les énergies spirituelles sont en augmentation, et il est désormais possible de parler à ses guides, ou à ses allié·e·s, qu'ils soient dans le ciel ou à l'autre bout du quartier.
Il est possible de s'élever. Par la danse, le bruit, la transe. Et, plus applicable en agglomération, par la pleine conscience.
La pleine conscience de notre incarnation, de notre présence les pieds sur cette terre, la tête sous ce ciel, le corps plein d'eau, et le cœur en feu.
Faire monter, après avoir fait descendre, ce qui vient du fond du ventre, du fond des entrailles, pour relier le sacré, le divin, les Incas, appelle ça comme tu veux, toi.
Ce qui bouscule, fait tressaillir est là, pour nous faire prendre une totale confiance en nous, nous incarner pleinement.
C'est en fait notre enfant intérieur qui est activé enfin, celui qui danse et se cache sous la table quand il y a de l'orage, celui qui rit, crie, gambade.
Pour chasser les peurs, convoquer la joie, et apprendre à jouer.
L'eau et la terre sont les éléments qui portent cette lunaison, entre fondations et émotions, comme un enfant un brin d'herbe dans la bouche près de sa rivière, qui ne regarde ni passer le temps, ni venir la pluie, mais est juste là dans le ici et maintenant, pas après, pas avant.
Alors forcément, l'ouverture du cœur est à portée, et l'amour est vrai.
Ne mâchons pas nos mots !
C'est la récolte du fruit du ventre-terre, de l'instinct émotionnel qui est guidé pendant ce mois.
Moment où les anges, esprits et dieux sont entendus, librement. Sans jugement.
Il y a quelque chose à recevoir. Sinon pourquoi ouvrir son cœur ?
La joie déjà, pleinement, mais aussi la toute première vraie connexion au sacré de l'année énergétique, qui ne fera que s'amplifier.
C'est l'étape 5 de la roue de la vie, roue de l'année, celle de l'enfant et celle aussi de la maternité, celle de notre nom et notre forme.
Avec pour parents cosmiques le ciel et la terre réunis en tempêtes au son du tambour, invoqués.
La joie et l'abandon du mental.
Sortir de sa bulle est ce moment présent là, car la question de la sécurité (affective, familiale) est sous-jacente : « Serais-je en sécurité hors de mon nid, ma matrice, mon utérus, mon foyer ? »
Oui, car l'Univers devient mon père et la terre ma mère. Car l'eau des émotions et le feu de l'action sont activés.
Je peux être insouciant·e et joyeux.se.

Pendant cette lunaison je travaille sur :

- Mon enfant intérieur.
- Ma spiritualité.
- La confiance en moi, et la certitude d'être guidé·e, soutenu·e, protégé·e par plus grand que moi.
- La joie.
- Ce qui me met en mouvement, me bouscule.
- Ma vie amoureuse.
- Mes origines, ma généalogie, les relations avec mes parents.

DO

V Je sors de ma zone de confort.
V J'accepte ma vulnérabilité.
V Je me connecte à mes guides, cartes, dieux, mondes invisibles.
V Je m'amuse.
V Je prévois, ou met en route un bébé.
V J'active ma douceur, ma tendresse, et ma polarité préférée (masculine ou féminine).
V Je danse sous la pluie.

DON'T

× Je n'ai pas (plus) peur.
× Je ne reste pas dans ma bulle, ou dans les jupes de ma mère/partenaire.
× Je ne me laisse pas déstabiliser par les ressentis et émotions puissantes qui arrivent à moi.
× Je ne suis pas trop sérieux·se ou trop « adulte ».

BONUS

\+ J'ai la possibilité de totalement lâcher prise et de suivre mon enfant intérieur.

QUESTIONS

› Qu'est-ce qui me fait vibrer ? Qu'est-ce qui me fait peur ?
› Ai-je une relation émotionnelle équilibrée avec ma mère ? Avec mes enfants ?
› Quels sont mes moyens de m'amuser, de me divertir, de relâcher la pression ?
› De quoi (ou de qui ?) dois-je accoucher (au sens propre et figuré) ?
› Où est la joie dans ma vie ?

La nouvelle lune de la danse

C'est la nouvelle lune de l'enfant intérieur et de l'insouciance.
La première nouvelle lune qui propose un lien direct au grand Tout.
L'Univers, les dieux, l'invisible comme un parent pour nous, petit humain, petit enfant dansant sur cette terre.
L'être humaine surtout, car la polarité féminine est activée sous cette lune très enveloppante, maternelle, affective. En chacun de nous (homme, femme, canaris), la lune se retrouve à domicile chez elle en Cancer, et fait vibrer le féminin sacré, le Yin essentiel.
Douceur, vulnérabilité, amusement, mais aussi carapace, protection, peur de l'extérieur.
Nous sommes comme l'enfant devant prendre courage et confiance pour affronter le monde extérieur, si attirant.
Nos valeurs de foyer ou de famille, de couple sont très importantes, comme des socles, comme des fonds, nous soutenant dans cette lancée vers le grand monde, le monde des grands.
La sécurité, surtout émotionnelle, est une des problématiques du moment : « Comment me nourrir, nourrir mon cœur et ma joie, tout en restant protégé·e ? » En toute confiance, sans se soucier de l'heure et du temps qui passe, sachant que mes parents viendront me chercher ou me gronder !
À nous d'intégrer que nous sommes protégé·e·s, car quelque chose de plus grand veille sur nos cœurs et nos insouciances. Une famille ? Un partenaire ? Un patron ? L'Univers ? Les Incas ? Quelque chose sur qui compter, quelque chose qui nous porterait.
La relation à la mère, ou son archétype, peut être une clé de cette lune, pour débloquer notre propre créativité personnelle.
Ce dernier moment avant l'affirmation du Moi, de son rayonnement, est comme une parenthèse enchantée de liberté et de lâcher-prise, pourvu qu'on évite dépendance affective et peur de l'abandon, peur de l'autre, finalement.
L'élément eau, donc la vie émotionnelle, affective et amoureuse coule pour nous aider, la polarité Yin pour nous bercer.

Je me lance.

La pleine lune du tonnerre

Par la transe, et par le saut en avant, cette pleine lune nous parle d'émancipation.
Une urgence de pas vers l'avant, et de connexion au plus grand, plus loin, plus haut, se fait sentir.
La carte du fou du tarot de Marseille pourrait résonner avec l'énergie de cette lune, demandant un bond dans le vide. Qu'il soit en s'élançant, ou en libérant son corps.
Nous sommes prêt·e·s à entendre, et communiquer, avec nos guides et nos alliés, à élever ce qui vient du fond de notre ventre.
À secouer la terre.
C'est le moment présent qui est activé autour de cette puissante lune, et l'énergie Yang. Le ici et maintenant, rien avant, et un après vers lequel sauter.
Il s'agit de ne plus avoir peur, ou en tout cas de chasser toutes les insécurités personnelles et intimes, les timidités, les doutes, les réserves, les incrédulités aussi.
Car la foi, donc **la créativité**, sont des clés pour bien vivre le nouveau cycle proposé là.
Tout ce qui nous bouscule, nous fait au passage prendre un peu plus de confiance.
Tel un jeu d'aventure et de vie.
Cette pleine lune impose le règne du cœur, comme le soleil cœur du système, comme l'organe cœur de l'humain. Mais vers les autres, tous les autres, vers l'humanité.
Elle invite à la confiance en soi, au rayonnement, à l'ambition, au laisser-faire et à l'affection.
L'insertion affective est portée par cette étape de l'année énergétique, aimer et être aimé, en toute insouciance, en toute confiance. Processus menant à l'individuation : tu es un être unique et tu pars à la rencontre d'autres êtres uniques.
La vérité, l'authenticité, la curiosité et l'ouverture sont de mise.
Les voyages et projets vers le monde sont favorisés, le progrès, l'avenir.
Car nous sommes comme guidé·e·s par une lumière, une force invisible, nous voyons la *big picture* au lieu du détail, le demain, même s'il bouscule. C'est à la liberté que nous touchons, en quittant nos socles et fondations pour un instant.
L'élément relié à cette lune est l'air, l'étincelle de vie, mais aussi le tonnerre.
Ce qui gronde dedans et dehors, et pousse à une certaine forme de rébellion.

J'évolue.

Exercice de la nouvelle lune

Posture de Yoga Balasana

Redevenir l'enfant

Ton kit de rituel (facultatif) + un tapis de yoga
+ la nouvelle lune + toi

La nouvelle lune est sans lumière, comme dans la matrice et
le ventre de la mère.
Pas besoin d'être maître yogi pour pratiquer cette posture douce
et simple.
Si tu n'as pas de tapis de yoga, un tapis classique suffit, une serviette,
une couverture.
Porte des vêtements amples et confortables, afin que tes mouvements
soient libres.
Entre dans le rituel, mais sans former le cercle, juste par la séance
de respiration.
Mets-toi en posture de l'enfant.
Aucun autre geste ni action n'est nécessaire, laisse simplement
ton corps comme ça, se poser.
Longtemps.
Et réfléchir.
Détends-toi.

À quatre pattes en poussant sur tes mains, assieds-toi sur tes talons,
fesses bien posées, le dessus des pieds face au sol.
Puis commence à étirer lentement ta colonne vers l'avant.
Fais glisser tes bras et tes mains, et le bout de tes doigts vers l'avant,
en accompagnant le mouvement de grandes respirations.
Ta tête est entre tes bras, et tu étires tes mains le plus loin devant,
sur le sol.
Ça ne doit pas faire mal !
Ainsi étendu·e, commence à te détendre totalement : tu es un enfant,
sur sa terre mère, en sécurité.
Tu respires profondément dans le dos, tu sens le souffle se balader
le long de ta colonne.
Ton corps et ton esprit sont à présent connectés, et ton cœur protégé.

Tiens la posture aussi longtemps que tu le souhaites, et ressens la protection de la nouvelle lune.

PURIFICATION

Rituel de la nouvelle lune

Le nettoyage énergétique

Chasser les inquiétudes

Ton kit de rituel + un bâton de palo santo ou
un bâton de fumigation de sauge blanche + un briquet
+ ton chez toi + la nouvelle lune + toi

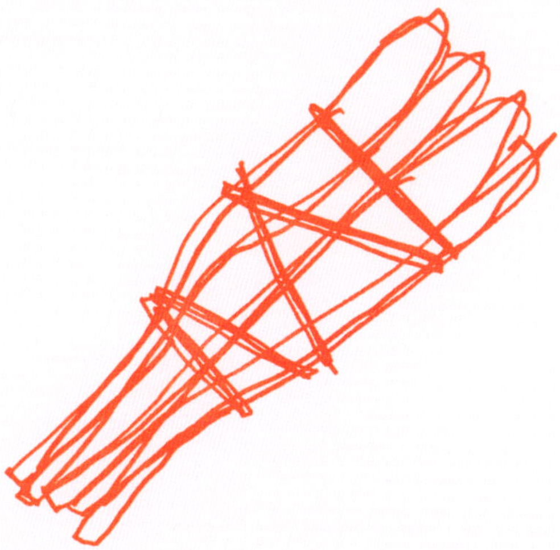

Tu vas purifier ton environnement de toute la négativité accumulée, et inviter les bonnes ondes à s'installer et rester.
Après avoir préparé ton autel et/ou ouvert le cercle, assieds-toi quelques instants et respire profondément en te connectant à la lune nouvelle.
Tu peux tirer une ou deux cartes reflets de ton carnet, faces cachées.
Quand tu es prêt·e, retourne la carte et imprègne-toi de son message, puis lève-toi.
Prends alors ton bâton de palo santo ou de sauge blanche, et fais-le brûler en circulant dans toutes les pièces de ton appart / maison.
Toutes les pièces sont importantes, même les toilettes ou le garage.
Pendant ce long moment, essaie d'intentionner dans ta tête tout ce que tu souhaites faire entrer, dans cet espace nettoyé et purifié, dans cette place libérée.

Pendant tout le processus, tu peux réciter un des messages inscrits sur la carte reflet que tu as tirée.

Exercice de la pleine lune

L'écriture automatique

Lever le blocage

Ton kit de rituel + une feuille ou page blanche du carnet + un stylo + un bol en inox ou une casserole + un briquet + la pleine lune + toi

Si tu sens que la manifestation de ton souhait de nouvelle lune est bloquée, que ça n'arrive pas, que quelque chose empêche sa réalisation, doutes, peurs, émotions négatives, croyances limitantes et autres joyeusetés saturniennes, alors cet exercice peut t'aider à débloquer le processus de manifestation.

Forme le cercle, active l'autel, et assieds-toi au calme.
Après une courte méditation, ou une respiration consciente en série de 8, prend une feuille (ou une des pages blanches du carnet) et ton stylo, puis écris. Sans réfléchir, sans même t'appliquer.
Écris ta rancœur, ta haine, ta colère, ta jalousie, tes critiques, tes comparaisons aux autres, ta peur, ta culpabilité.
Demande-toi ce qui aujourd'hui ne te convient pas, ou plus, dans ta vie, ce qui bloque le changement désiré lors de la nouvelle lune, quinze jours en amont.

Jette tout en vrac, comme ça vient en commençant par : *Je me débarrasse de…*
Sois spontané·e, laisse sortir, couler, sans te juger, peu importe ce que c'est, ça a juste besoin d'être libéré.
Une fois que tu as terminé, et prends tout le temps et l'espace qu'il te faut, tu peux froisser le papier.
Place alors la boule de papier froissé dans le bol en inox, et embrase-la.
Regarde-la brûler et répète-toi : *Je me libère de tout ce…, de toute cette…* (*colère, doute, peur, honte, envie, etc.*).
Toujours en regardant le papier se consumer, ressens ces émotions s'en aller, en prenant de grandes inspirations et expirations.
Imagine qu'à chaque expire, tu chasses de ton cœur, mental et corps, ce dont tu ne veux plus, et qu'à chaque inspire, la place se libère pour accueillir la nouveauté.
Quand tu as terminé, remercie la lune, la vie et l'Univers, tes guides, les Incas, qui tu veux, de te permettre de relâcher tout ce qui te charge, t'enchaîne, te pèse.

Une fois que les papiers sont en cendres, tu peux les répandre dehors, dans la nature.

Je me débarrasse de...

PLÉNITUDE

Rituel de la pleine lune

Le miroir

Se relier au plus grand

Ton kit de rituel + un petit miroir
+ la pleine lune + toi

La nuit de la pleine lune, installe ton autel et/ou cercle, allume tes bougies et encens, puis tiens-toi debout au centre du cercle, nu·e si possible.
Essaie de te positionner dos à la lune, soit dehors, en toute discrétion et sécurité, soit devant une fenêtre, d'où tu peux apercevoir ses rayons.
Debout, dos à l'astre, tiens le miroir dans ta main, respire profondément, et concentre-toi sur la belle lune ronde et lumineuse, pleine.
Débrouille-toi pour la voir dans le miroir, comme pour attraper son reflet (ne t'inquiète pas, elle te l'offre de bon cœur !).
Renvoie ensuite le reflet du miroir sur toi-même en te regardant dedans. Ton visage est l'endroit le plus facile, mais je ne t'interdis pas la souplesse !
Ressens complètement les rayons se refléter sur toi, ferme les yeux comme si tu étais ébloui·e.
Puis respire profondément, pendant que tu absorbes l'énergie.
Laisse-la alors te recharger et te rafraîchir, te rénover.

Quand tu sens que l'échange énergétique est terminé, retourne-toi vers la lune et remercie-la pour son reflet.
Souffle les bougies et l'encens pour fermer le cercle.

Il est possible que tu ne trouves pas immédiatement le sommeil, profites-en pour danser, dans ton plus simple (et joli) appareil.

Août

Lunaison de l'esturgeon ou lune des herbes

Le rayonnement du Premier
S'individualiser

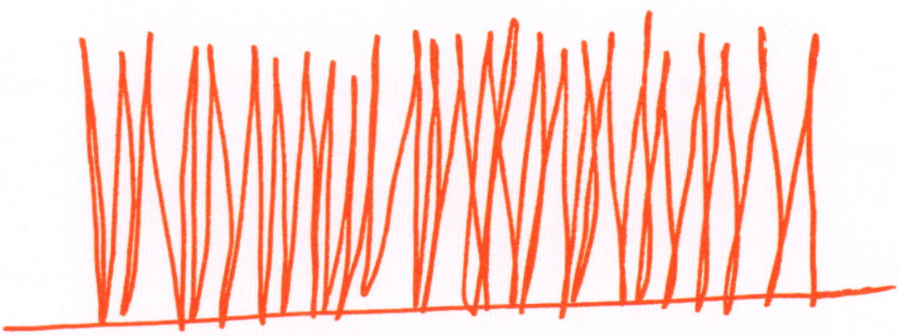

La lumière qui nourrit pour les 6 prochaines lunaisons.

C'est la fin de la période inférieure, dite d'apprentissage, et le début de la période supérieure de l'incarnation symbolique de l'être, d'approfondissement.
L'abondance, la guérison et la lumière sont activées sur cette lunaison de plein été, de pleine saison claire, de plein rayonnement.
Des liens sont formés entre le ciel et la terre, entre l'eau et l'air.
Entre les humains aussi, et cette période accompagne les mariages, qu'ils soient affectifs ou professionnels, qu'ils soient de corps ou d'âmes.
Tout brille, reflète comme la peau de l'esturgeon. Tout est chaud, comme le sol presque brûlé par le soleil.
Nous voulons être qui nous sommes vraiment, assumer pleinement notre nature et la montrer.
Une régénération s'opère, par les cinq sens. Parfums, sensations, toucher, goût, peau permettent l'insertion affective complète, l'amour.
Une décision peut être prise autour de cette lunaison, pour aimer librement, en toute autonomie et en toute (pleine) conscience de qui nous sommes. En tout instinct.
La flamme intérieure est vivace, poussée par l'élément feu, et palpite au fond de notre poitrine, vers le cœur.
Un cœur qu'on a envie de poser sur la table à grands renforts de « qui m'aime me suive » !
Allons-y !
Individualisons-nous et faisons-nous aimer !
Apprenons à faire des choix, mais en toute liberté. Débarrassé·e·s de nos insécurités, au cœur de l'été.
Jugements et culpabilité sont dès lors dépassés, car nous sommes nous-mêmes. Nous devenons adultes, dans nos réalisations et projets, rêves et affections, familles et relations, et souhaitons être nous depuis le cœur, et pas ailleurs !
Cette lunaison, qui convoque les éléments feu et air, est comme un approfondissement de notre polarité Yang, celle qui manifeste. Celle qui crée, celle qui féconde. Celle qui nous fait compter.

Pendant cette lunaison je travaille sur :

- Mon énergie masculine, mon Yang.
- Mes instincts.
- Mon rayonnement et celui de mes projets.
- Mon couple et l'amour, m'unir.
- Ma créativité.
- Ma liberté et mes choix de vie.
- Mon ouverture de cœur et mon estime de moi.

DO

V Je fais des choix libres et autonomes.
V J'ouvre mon cœur, déclare ma flamme.
V Je me connecte à mes amis, réseaux, communautés.
V Je développe une pratique créative ou artistique.
V J'appelle mon père, ou m'interroge sur ma relation avec lui (et toutes les figures du père).
V Je regarde vers l'avant.
V J'ai confiance en moi.

DON'T

× Je ne me sous-estime pas, ne me juge pas.
× Je ne refuse pas l'engagement affectif.
× Je ne me cache pas (plus).
× Je ne crains pas la lumière et la réussite.
× Je ne m'attache pas aux schémas périmés de colère et d'autorité.

BONUS

+ J'ai la possibilité d'être totalement moi.

QUESTIONS

› Qui est-ce que/qu'est-ce que j'aime ?
› Quelle est ma relation au(x) père(s) ?
› Comment créer ma vie ?
› Suis-je libre et autonome ?
› Quel projet, création, réalisation m'animent ?
› Est-ce que je m'estime ?

La nouvelle lune de l'esturgeon

Au cœur de la saison claire, cette nouvelle lune en est la dernière, une dernière opportunité de briller, et faire refléter toute notre unicité.
La lumière est l'énergie première de cette lune, pourtant noire. **Être son propre soleil, être son phare dans la nuit.**
Un centrage est opéré, même à notre insu, pour révéler (à nous-mêmes d'abord) nos talents, dons, capacités, et pouvoirs de création.
De procréation même, en cette période d'unions et de mariages.
L'archétype du père, et de toutes ses représentations terrestres dans le vécu matériel (patron, ami, compagnon, mentor, père biologique, dieu, etc.), est activé.
C'est comme si nous pensions à présent être à sa hauteur, briller autant que lui, ou que l'image fantasmée qu'on a de lui.
Une créativité, une ambition, une confiance en soi, sont proposées par les énergies de cette lune, pour mener tous nos projets, entreprises (artistiques surtout), nos opportunités à saisir et intentions à poser.
Le cœur est bien ouvert, prêt à être déposé sur la table sans chichis, au grand jour.
L'enfant en nous ose devenir grand, s'affranchir, s'émanciper, se libérer.
Le principe Yang masculin est poussé (chez nous tous·tes), avec l'énergie feu.
Nous sommes prêt·e·s à changer le cours de notre existence, ou à la réinventer.

Je crée ma vie.

La pleine lune des herbes

C'est la première pleine lune d'autonomie, nous sommes comme une herbe folle tournée vers l'avant. Vers le soleil, vers la lumière, au gré des vents. Il est temps de révéler tout ce qui est enfoui, caché. De lâcher une fois pour toutes le passé et les schémas périmés.
D'être en accord, juste bien avec nous-mêmes, afin de remplir une grande mission : ouvrir notre cœur. Pour cela, les amitiés, fraternités, sororités, groupes et relations sont essentiels, et nous le comprenons. Enfin.
Nous sommes, dès lors, prêt·e·s pour l'âme sœur, la rencontre, l'union, ou plutôt la réunion.
Nous pouvons écouter notre corps et notre cœur, à l'unisson.
Nous pouvons nous laisser guider par le fort désir d'émancipation qui naît de cette lunaison, et qui est exposé en pleine conscience, en pleine lumière, par la pleine lune.
Un désir courageux, libre, plein d'inventivité, qui relie nos corps, esprits, et cœurs, en une seule belle force.
La liberté nous la voulons, même dans l'originalité, car nous nous individualisons, nous comprenons **notre statut d'être unique.**
C'est donc une très belle lune pour les artistes, les non-conventionnel·les, les électrons libres, mais aussi pour assainir nos relations parents/enfants, et surtout père/enfants.
Pour cela, faisons des choix !
Ouvrons nos connexions interhumaines, interrogeons nos autorités et freins, vers les autres, vers le monde.
Manifestons nos différences et notre authenticité ! Le principe Yang est à son maximum, l'ère du Verseau nous libère comme il nous presse, à juste exister.
C'est comme si, enfin, on comptait !

Je suis important.

MANIFESTATION

Exercice de la nouvelle lune

Le Moonboard ou tableau de visualisation lunaire

J'ancre mes désirs dans la matière

Ton kit de rituel + une grande feuille ou un tableau en liège, papier, plastique, etc. + des feutres et stylos + des images découpées, aimants, rubans adhésifs, photos, etc. + la nouvelle lune + toi

Après avoir installé ton autel et/ou ouvert ton cercle, installe-toi au calme et confortablement avec les images que tu auras pris soin de découper, collecter, imprimer, ou photographier.
Tu peux aussi le faire directement en découpant des images correspondantes à tes vœux, des photos, des impressions venant d'Internet, de magazines sur le moment.
Ces images peuvent représenter des choses matérielles, des lieux, des gens, mais aussi des sentiments que tu souhaites ressentir, des objectifs qui t'appellent, la personne que tu voudrais devenir...
Colle, agrafe, scotche ou punaise les images sur ta feuille ou ton tableau, comme des vœux, un Pinterest lunaire!
Tu obtiens alors un tableau de visualisation.

Lorsque ce montage est terminé, ferme le cercle, souffle les bougies, et remercie la lune et l'Univers de t'aider à réaliser les souhaits que tu viens de manifester par ce Moonboard.

Tu pourras continuer à remplir le tableau pendant toute la lunaison, et vérifier six mois plus tard, lors de la pleine lune en Lion, si certains, ou la majorité de tes rêves se sont réalisés.

ANCRAGE

Rituel de la nouvelle lune

Le courant Indigo

J'ai confiance en moi

Ton kit de rituel + une image des 7 chakras (facultative si tu les connais déjà) + la nouvelle lune + toi

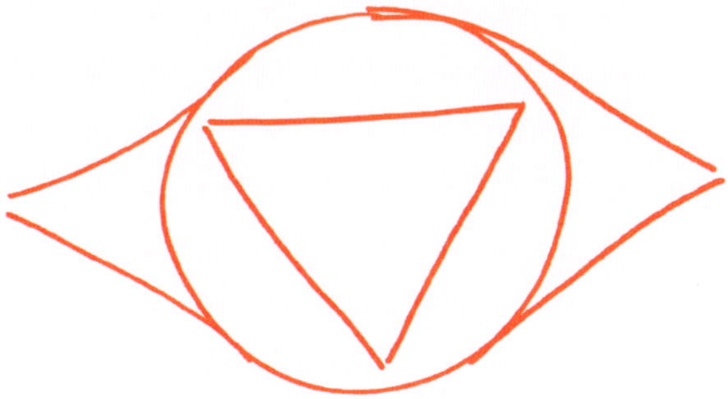

Installe ton autel et/ou ouvre ton cercle, allume bougies et encens, retrouve-toi dans un endroit calme, et assieds-toi confortablement.
Visualise quelque chose de beau, ce que tu veux, lieu, personne, couleur, objet. Et commence à entrer en toi avec cette image.
Ferme les yeux, et concentre-toi sur ta respiration.
Respire profondément, depuis le ventre, quatre fois.
Inspire lentement par le nez, puis bloque ton souffle quelques secondes, et expire tranquillement par la bouche. Jusqu'au bout du souffle. Doucement.

Commence alors à visualiser la ligne verticale des 7 chakras principaux.
Ressens la paix, le calme, la sérénité, pour percevoir la circulation des fluides énergétiques en toi, tout au long de ta colonne.
Arrête-toi alors sur le chakra du cœur, de couleur vert émeraude, et imagine qu'une très forte lumière y entre.
Reste dans la gratitude et dans la conscience puis répète, à haute voix, sans forcément crier, mais comme en murmurant, ce mantra :

J'ai confiance, j'ai confiance,
En moi et en l'Univers, en l'Univers et en moi,
Je choisis d'être patient·e,
J'accueille ce qui arrive,
Je suis prêt·e, je suis prêt·e.
Je me rapproche de plus en plus de qui je suis vraiment, de qui je suis vraiment,
Je canalise mon flux intérieur, intérieur,
Pour créer ma nouvelle réalité, pour créer ma nouvelle vie.

Quand tu as terminé, remercie la lune et l'Univers, et attends quelques instants avant de te relever.

Exercice de la pleine lune

Tirage de tarot du centrage

Se recentrer sur son cœur

Ton kit de rituel + un jeu de tarot, oracle ou cartes d'intention (tu peux utiliser les cartes reflets du carnet) + la pleine lune + toi

Installe-toi dans un lieu calme et serein, tu peux allumer une bougie, un bâton de fumigation ou de l'encens, des fleurs séchées, et tout ce qui pourra t'apaiser et te centrer.
Des cristaux relaxants liés à l'énergie de la lune peuvent t'aider, tes talismans préférés, ou une diffusion d'huile essentielle de lavande ou de rose.
Ouvre ton cercle, et après une petite méditation avec de longues inspirations/expirations ventrales, connecte-toi à l'énergie de la lune en la visualisant, ou en la regardant directement, même si tu ne la vois pas !

Quand tu es prêt·e, tire 4 cartes dans cet ordre :

1. Un élément ou un événement/personne du passé qui a toujours une influence sur moi.
2. Un élément ou un événement du présent qui me calme.
3. La leçon à en tirer.
4. Le conseil à appliquer.

Note maintenant tes ressentis au sujet du tirage.
Observe les liens, et ton chemin.
Puis souffle les bougies, et ferme le cercle.

Tu pourras garder la carte conseil (4) sous tes yeux pendant le reste de la lunaison, ou sous ton oreiller, comme un mémo encourageant.

L'onction des mains

Je récolte ce que je mérite

Ton kit de rituel + tes grigris, talismans, trésors, cristaux, porte-bonheurs, photos, fleurs, coquillages, bijoux, etc. + un grand bol + des pétales de fleurs + du sel rose + des huiles essentielles + de l'eau + une serviette + la pleine lune + toi

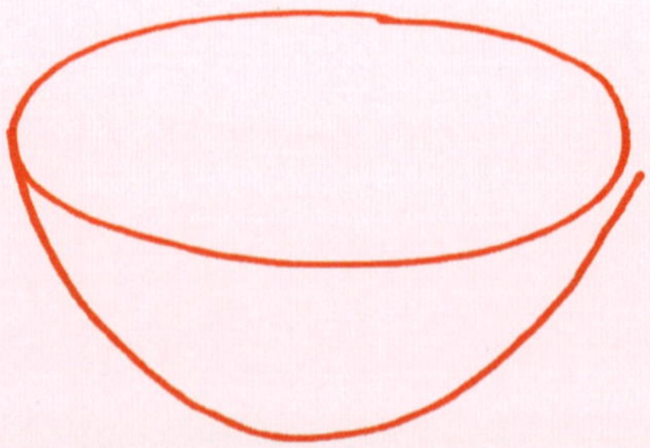

La veille de la pleine lune, ou le jour même, rassemble tous tes talismans, tes trésors, ou objets symboliques, cristaux, fleurs, coquillages, bâtonnets, photos, bijoux, etc. Tout ce qui, selon toi, t'aide à la réalisation de tes intentions et tes souhaits, te porte bonheur. Laisse-les se recharger au clair de lune.

Le jour de la pleine lune, réunis ces grigris, et forme le cercle pour faire ton massage lunaire des mains.
Tu auras prévu au centre du cercle, le grand bol, une bouteille d'eau, les pétales de fleurs, de mauve ou de rose, le sel rose de l'Himalaya, des huiles parfumées ou essentielles, des poudres de plantes, et une petite serviette.
Une fois entré·e dans le rituel, tu remplis le bol d'eau.
L'eau est l'élément de la lune, et il est énergétiquement associé aux émotions, c'est l'élément le plus connecté à elle pour recevoir son énergie, comme les marées.
Tu ajoutes tes ingrédients, comme tu veux, comme tu (res)sens.

Plonge alors tes deux mains dans l'eau, et récite à voix haute par trois fois, en frottant et massant doucement tes mimines dans le bain :
Je récolte ce que je mérite, je récolte ce que j'ai semé!
Procède à un massage simple en pétrissant tes paumes, et massant la partie située entre le pouce et l'index.
Prends le temps qu'il te faudra.

Quand tu as terminé, n'oublie pas de remercier la lune et l'élément eau, avant de fermer le cercle.

Fin de la saison claire

La saison sombre

La saison sombre débute lors de la fête celte de Samain, elle est celle de la nuit et de la veille. Elle marque le temps où le « faire » s'arrête et redonne la place aux ombres, aux esprits, à nos morts et au travail souterrain d'introspection. Elle marque le début de l'automne qui prépare à la transformation, avant la cristallisation de l'hiver. C'est la période où terre et hommes sont au repos, en intégration de notre année.

Transmutons !

Troisième période

Automne – La transformation
Le Tigre Blanc.
La couleur blanche doré.
L'Ouest.
Le Métal.
Vierge – Balance – Scorpion
Septembre – Octobre – Novembre

Septembre
La lunaison du chasseur

L'équilibre du Premier
Se stabiliser

Les cerfs portent leur cornes fièrement, les fruits sont mis à l'abri, la protection est au maximum pour la saison sombre.

Le premier bilan de l'année pointe le bout de son nez autour de cette lunaison.
Elle invite à l'équilibre, celui du donner et recevoir, mais aussi la protection de toutes tes forces, de toutes tes récoltes.
C'est le moment où les graines et fruits sont remisés à l'abri, le moment où nos déséquilibres Yin / Yang sont perçus, observés, pour trouver l'harmonie.
L'inventaire des récoltes de la saison claire en somme, celui de nos ressources physiques et psychiques, lumineuses et sombres, masculines et féminines, émotionnelles et spirituelles.
Un équilibre du cœur et de l'esprit peut se trouver. Et au sein de la relation, un équilibre entre désir et sentiment, entre cœur et sexe.
Une équité, permise par tout ce qui a été engrangé en nous et hors nous, dans nos projets, relations, problématiques familiales ou spirituelles.
L'accès au sacré est désormais possible, celui à la justice et l'égalité aussi.
Pourtant, en détaillant tous nos jours et nos nuits, tous nos bas et nos hauts, les contradictions se révèlent.
Nous sommes comme devant un miroir qui nous montre notre corps et notre esprit, en train d'essayer de faire la paix.
Le moment est alors idéal pour écouter et soigner son enveloppe, se replier stratégiquement chez nous, en nous, dans le temple qui protège, le grenier et ses réserves, pour constater.
Faire le bilan de notre demi-année, car un moment de restructuration profonde s'annonce dès cette lunaison. Celui qui vient après la vie et les instincts, pendant le repos.
Qu'allons-nous garder ? Qu'allons-nous conserver pour nous préparer à la saison sombre et l'hiver ? Relations, projets, boulots, amis, doutes, peurs, envies, tout est passé au crible de cette analyse. Nous nous mettons au chaud, bien nourri·e·s, en sécurité avec nous-mêmes et les autres, pour commencer l'introspection.
Les éléments terre (celle qui nourrit l'homme) et eau (celle qui nourrit la terre) sont là pour toi, pour moi, pour nous, afin d'ancrer, afin de stocker, afin de remarquer, ce que nous avons et ce que nous n'avons pas (plus).
La polarité Yin de la Vierge, gardienne du temple sacré, et des Poissons, portes de l'illimité, est activée. Nous rangeons, nous détaillons, nous purifions, nous fusionnons.

Pendant cette lunaison je travaille sur :

- Le bilan des six premiers mois de mon année.
- Mes ressources (matérielles, émotionnelles, personnelles).
- Ma santé, mon corps.
- L'équilibre de mes polarités Yin / Yang, masculin / féminin.
- Ma maison, mon temple, mon foyer.
- Mes forces et mes faiblesses.
- Mon ancrage.
- Le pardon et mes ressentis d'amour inconditionnel.

DO

V Je me mets en sécurité.
V Je range, nettoie, organise mes lieux de vie et de travail.
V Je jette, ou remise ce qui ne me sert plus.
V Je récolte les fruits de mes efforts.
V Je développe une routine pour mon bien être physique, émotionnel et mental.
V J'active mon intuition.
V Je me (re) centre.
V J'aime inconditionnellement.

DON'T

× Je ne doute pas.
× J'évite de me juger, ou de juger les autres et les situations.
× Je ne fuis pas la réalité.
× J'essaie de ne pas donner prise au stress et aux anxiétés.
× Je ne poursuis pas relations et situations toxiques.
× Je ne me sacrifie pas (plus).

BONUS

\+ J'ai la possibilité d'équilibrer mes trois pôles, corps, cœur, esprit, pour la deuxième partie de mon année.

QUESTIONS

› Quelle est ma relation au corps ?
› Qui/quoi dois-je pardonner ?
› Comment protéger mon foyer (concret ou symbolique) ?
› Que dois-je purifier ?
› Est-ce que je crois en l'âme ?

La nouvelle lune du bilan

Première de la saison sombre, dite de repos, cette nouvelle lune invoque le sacré au travers des énergies de la Vierge.
Qu'est-ce que nous devons sacrifier, en nous et dans nos vies, après en avoir fait un premier bilan ?
Des grandes forces de protection et de purification ont été activées, pour constater, puis engranger nos ressources, les fruits récoltés de notre été.
Le corps comme temple est au centre du propos, comme la grande déesse gardienne du foyer.
Le foyer qui réchauffe, éclaire et nourrit, puis connecte au divin, au plus élevé.
En tout cas, à quelque chose de plus grand que toi !
C'est le bon moment pour te débarrasser de tes toxicités, prendre des bonnes habitudes alimentaires, sportives, physiques ou spirituelles. Méditer, jeûner, ranger, mais aussi couper court aux relations drainantes et pas claires.
Nous entrons dans la période sombre, la lumière baisse chaque jour, nous n'allons pas, en plus, en rajouter avec des crush pas sincères !
La santé est donc à équilibrer, les émotions aussi, et la maison à ranger ! (en plus du cartable des gosses à compléter).
La période peut être stressante, fatigante, inquiétante. Pourtant, en nous poussant à juger, non à jauger nos réserves, elle nous pousse à nous aligner.
Centrage, ancrage, courage et autres mots en « age » !
Prendre soin de soi, activer la patience et la résilience, travailler le bas du corps, la racine, et stabiliser, un grand programme !
C'est en fait l'énergie Yin qui est complètement réveillée pour un puissant nettoyage énergétique et domestique, et pourquoi pas relationnel.
L'idée ? Se mettre en sécurité, mettre à l'abri tous nos acquis, car ils seront beaucoup sollicités durant la période de transformation automnale et le froid, qui déjà, prévient qu'il va arriver.
L'élément terre nous vient en aide autour de cette nouvelle lune, pour nous ancrer.
Puis ressortir les plaids douillets !

Je me protège.

La pleine lune du chasseur

C'est la première pleine lune de purification, celle qui pousse à dépasser l'ego pour fusionner nos parts d'ombres et de lumières.
Pour emmagasiner la lumière, en vue des journées moins claires.
Les émotions sont au taquet, nous y sommes complètement baignés, comme des poissons dans leur océan des possibles illimités.
Le pardon possible et inconditionnel est à notre portée, en se gardant d'activer victimisation et sacrifice excessif.
Après avoir constaté, détaillé, inventorié nos biens physiques et notre corps lors de la précédente nouvelle lune, il est temps de s'en dissocier.
De se séparer de ce qui est incarné pour donner prise aux émotions, presque sans limites, alors attention!
Nous sommes très sensibles, très amoureux·ses, rêveur·ses, empathiques, poreux·ses.
Nous aimons, et pas qu'un peu!
Connecté·e·s aux astres comme jamais auparavant, par un lien d'âme. C'est un moment d'une douceur extrême pour nos liens et réconciliations familiales ou affectives, nos unions, nos excuses.
Prêt·e·s à vivre pleinement notre vérité, corps et âmes, cœurs et âmes.

C'est aussi, et naturellement, une période de fins, d'arrêts, de ruptures, de morts symboliques.
Tout ce qui ne sert plus, tout ce qui ne fusionne plus.
Le service aux autres, et plus généralement, le soin, nous travaillent autour de cette pleine lune: *Comment je me guéris? Mais est-ce que je souffre?*
Thérapeutes, soignants, guides vivent leur meilleure vie!
Parce qu'une guérison est là, de ce qui est latent et, la plupart du temps, inconscient. Alors c'est aussi un bon moment pour te soigner, débuter une cure, ou une thérapie, faire un bilan sanguin ou une petite diète. Prendre soin.
Ton manque de croyances, ou au contraire ton surplus de foi, sont aussi à analyser, car notre lien à la spiritualité commence à être questionné, pour l'élever.
Les rêves, l'art, la poésie, la musique, le sacré, l'imagination, et aussi la fuite de toute la réalité, portée par cette lunaison sont dans l'air. Attention à ne pas trop déconnecter!
Le nettoyage et l'ouverture de notre esprit se font pour aboutir, pendant cette saison sombre, à une pleine conscience du Moi, le fameux Soi tant espéré.
Le Yin est encore activé, pour plonger au fond de notre cœur, et refaire surface sous cette lune floue et un peu perdue, entre rêves et réalités.
L'élément eau, qui signe la fin de l'été et d'une certaine insouciance, débloque notre intuition.

Je suis mes aspirations d'âme en conscience.

PURIFICATION

Exercice de la nouvelle lune

Le nettoyage des pierres

Purifier et recharger ses cristaux

(selon Johann Chevillard [1])

Ton kit de rituel + tes pierres et cristaux + un bol + de l'essuie-tout + du gros sel + la nouvelle lune + toi

Hello ! Moi c'est Johann, je suis lithothérapeute et ami avec notre chère et irremplaçable Isabelle !
Purifier et recharger tes petites pierres sont des étapes très importantes.

Purifier consiste à retirer les charges énergétiques que la pierre a accumulées avec le temps (énergie d'un lieu par exemple mais surtout tes émotions). Les pierres ont en effet cette tendance naturelle à retenir

1 Johann Chevillard est un lithothérapeute de génie et ami pour la vie, auteur du guide *S'ouvrir à l'énergie des pierres,* coécrit avec Isabelle Cerf, aux Éditions Exergue.

et stocker les informations. Il existe plusieurs méthodes. La plus simple consiste à déposer du gros sel dans une coupelle, de recouvrir d'un linge en coton ou d'un essuie-tout puis de placer tes pierres sur le linge. Le sel n'étant pas en contact direct avec les pierres, aucun risque de les abîmer. Le sel va alors absorber les charges énergétiques et autres énergies stagnantes. Tu peux les laisser une heure, c'est déjà bien suffisant la plupart du temps. Tu peux le faire régulièrement ou lors d'une pleine ou nouvelle lune, pour les recharger après les avoir purifiées. Pense à jeter le sel à la poubelle immédiatement après la purification ! Les pierres peuvent aussi se purifier avec de l'eau mais fait attention car certaines pierres ne supportent pas l'eau. Certains encens sont également efficaces (sauge ou benjoin) pour une purification légère de tes pierres. Si tu peux placer une belle intention lorsque tu recharges tes pierres, c'est encore mieux !

Tu peux ensuite recharger tes pierres, c'est-à-dire les dynamiser légèrement pour qu'elles retrouvent leur pleine capacité énergétique. Tu peux les recharger avec un soleil très doux le matin ou le soir et également avec la lune. Les pierres bleues, violettes, vertes, roses et blanches ont une affinité avec la lune en raison de leurs douces énergies. Tu peux les recharger lors des phases montantes ou descendantes de la lune mais pas obligatoirement lors de la pleine lune comme on l'entend souvent. Pourquoi ? Parce que la pleine lune, c'est l'apogée du cycle lunaire et les énergies peuvent être très fortes suivant les lunes et leurs aspects avec les autres planètes. Une énergie n'est pas forcément bénéfique lorsqu'elle est à son maximum. Bien entendu, cela dépend aussi de tes affinités et de tes expériences personnelles avec la lune, alors suis aussi ton intuition ! Les pierres peuvent se recharger à la nouvelle lune si tu en as envie et si cela fait sens pour toi. Bien qu'il n'y ait pas à ce moment-là de lumière lunaire, une énergie est présente et peut influencer tes pierres suivant ce que tu souhaites mettre en place avec elles ou pour un travail énergétique précis. Donne toujours du sens à ta pratique et investis-la de tes énergies personnelles pour créer quelque chose qui te ressemble vraiment.

GUÉRISON

Rituel de la nouvelle lune

Le soin de lune

Demander la guérison

Ton kit de rituel + ton cœur + la nouvelle lune + toi

Ouvre le cercle, allume ta bougie, et assieds-toi confortablement, comme pour méditer.
Prends un temps. Un temps pour te calmer de la journée passée, respirer profondément, recentrer tes pensées et énergies.
Une musique relaxante peut t'aider pendant ce soin.
Commence alors à centrer ton attention sur ton cœur, pose tes mains dessus.
Visualise la nouvelle lune, celle qui ne brille pas, mais est encore plus puissante dans le noir, pour t'y connecter.
Pense à ton ou tes intentions.
Imagine que ton cœur se connecte au centre de la lune, parfaitement, avec amour.
Tu commences à ressentir cette connexion, physiquement, émotionnellement, ou juste en la visualisant. Prends le temps.

Ça y est, tu sens que la connexion est établie, demande alors à la lune de te faire un soin.
Ce soin peut être particulièrement précis, par exemple si tu as mal quelque part, ou si tu as un souci dans ta vie.
Mais ce peut aussi être un soin général, libre, le laissant aller là où il y aura besoin qu'il aille.
Reste en ouverture, pour recevoir. Recevoir ce soin spécial de la lune.
Pour cela, tu peux ouvrir tes mains, et même tes bras, en réception totale, confiant·e, ouvert·e, connecté·e.
Imagine que la lune est là, juste au-dessus de toi, déverse toute sa lumière blanche sur toi. Et peu importe si tu ne la vois pas, s'il y a des nuages, ou des murs, elle est là.
Imagine que son énergie de lumière guérisseuse coule tout le long de ton corps, de ta peau, comme une fine et douce pluie d'été.
Imagine alors qu'elle entre, sous ta peau, à l'intérieur de tout ton être, dans ta bouche, dans tes veines, dans tes poumons, dans ton cœur.
Partout.
Pendant plusieurs minutes, reste en réception à ce qu'il se passe, observe comment la lune agit sur toi, pour toi.
Comment elle s'occupe de toi, avec amour et tendresse.
Laisse-toi aller.
Laisse-toi vraiment aller.
Si tu as besoin de pleurer, de rire, de chanter, detrembler,
laisse-toi faire.
Reçois.
Quand tu sens, et tu le sentiras, que la lune a terminé son soin,
peut-être par une sensation physique, un sentiment, ou juste une intuition, remercie-la beaucoup.

Enfin, décide de relâcher la connexion, de souffler la bougie, et de fermer le cercle.

Exercice de la pleine lune

L'onguent rituel de lune

Ton kit de rituel + 50 ml de macérât huileux de plantes médicinales (rose, lavande, camomille, mauve, calendula) ou une huile végétale + 10 g d'huile essentielle de myrrhe + 5 g d'huile essentielle de jasmin + 5 g d'huile essentielle de camomille noble + 6 g de cire d'abeilles + quelques pierres fines (facultatif) + 2 casseroles, dont une grande pour faire un bain-marie + un bocal ou pot hermétique + la pleine lune + toi

Pendant la nuit de la pleine lune, l'idéal est de le faire dehors avec un petit réchaud, mais dedans fenêtres ouvertes, c'est bien aussi !
Fais fondre la cire dans l'huile (tu peux mélanger plusieurs huiles), tout doucement, sous la lueur de la pleine lune.
Cette matière va s'ouvrir pour entrer en connexion avec l'énergie lunaire.
Une fois la cire fondue, verse-la immédiatement dans un bol, et laisse-la se solidifier tranquillement, toujours baignée des énergies de la lune.
Quand la cire commence à se figer, mais avant sa solidification complète, ajoute les huiles essentielles, et les pierres fines si tu le souhaites (améthyste, quartz, labradorite, tout est permis !).

Laisse ensuite l'onguent se gorger toute la nuit des *vibes* lunaires, et se solidifier totalement.
Si tu le laisses dehors, tu peux le recouvrir d'un récipient en verre, ou de papier film.
Avant de partir, dépose tes intentions à l'onguent :

Je voudrais de la douceur, j'aimerais de la beauté, de l'amour, du soin, guérir, je suis heureux.se, je crée, etc. Ce que tu veux, ce que tu sens, c'est ton onguent.

Puis remercie la lune et prononce :

Pour la terre, pour l'eau, pour l'air et le feu, pour toutes les formes de vie qui ont besoin de soin, cet onguent n'est pas que mien, cette guérison n'est pas que mienne.

Et va faire un gros dodo.
Le lendemain, récupère la crème solidifiée avant le lever du soleil et transvase-la, pour la conserver, dans un pot hermétique.

Utilise ce baume pour tous tes petits bobos du quotidien, comme crème pour les mains, ou pour réconforter tes enfants et petits doigts de pied cognés au tabouret.

PROTECTION

Rituel de la pleine lune

Les pommes

Mais pas les poires ni les scoubidoubidouwouah

Ton kit de rituel + 2 grosses pommes rouges
+ quelques feuilles de sauge ou de laurier
+ de la ficelle ou du crin + la pleine lune + toi

Entre dans ton rituel, toujours selon la même préparation.
Coupe les pommes dans le sens horizontal, pour faire apparaître le cœur et les pépins qui forment une étoile à cinq branches, comme un pentacle.
Place une feuille de sauge ou de laurier sur chaque moitié de pomme, et ficelle-les.
Récite trois fois, pendant que tu ficelles :

Lune je te demande la protection de mon
cœur et mon foyer, de mes yeux, mains et
pieds, de mes cher·e·s et mes allié·e·s,
de mes rêves et mes journées.

Fais de même pour les deux pommes.
Concentre ton énergie sur les pommes, puis souffle la bougie qui fermera le cercle.
Prends tout le temps qu'il te faudra.
Dispose les 4 moitiés de pomme aux 4 coins de ton chez-toi.

Au bout de trois mois, tu pourras les retirer et recommencer si tu le souhaites, toujours pendant une pleine lune.

Octobre

La lunaison de sang ou lunaison de la chute des feuilles

La source intérieure du Premier S'élever

Le sang des animaux tués pour faire les réserves de viande et de peaux pour l'hiver, celui des menstruations et des énergies redescendant dans le ventre de la terre.

Cette lunaison ralentit le rythme. C'est le temps des rituels, des gratitudes, des purifications et bénédictions.
Nous remercions nos êtres chers et toutes nos nourritures de nous protéger, de nous comprendre, d'être là à nos côtés, ou dans nos greniers.
La notion de cycles est activée, après les fins de la lunaison précédente, nous commençons à sentir ce qui se trame, presque à notre insu, dans les rythmes de nos journées, mois, saisons et années. Une période de travail sur les deuils, mais aussi sur les (re)naissances, sur les grands cycles de la vie. Le temps devient plus palpable, nous terminons ou commençons des projets ou des relations.
Avec nous-mêmes en premier lieu, car des changements profonds liés à l'intime arrivent, que ce soit au niveau du corps physique, financier et matériel, ou de nos autres corps plus subtils, émotionnels, et spirituels.
Pour cela, **l'introspection vient nous chercher**, comme un passage vers nos intériorités.
Comme un voyage spirituel vers notre intuition, pour la réveiller.
C'est qu'on va en avoir sacrément besoin alors que la nuit gagne du terrain ! C'est qu'on va se retrouver seul·e·s avec nous-mêmes, ou nos foyers, pendant de plus longues durées.
Alors on intériorise, on cherche la lumière dedans !
Le lien corps-vaisseau et âme se fait, tout comme celui de nos mondes matériels et spirituels.
Quelque chose de l'ordre de la fin et du renouveau est dans l'air, nous nous préparons à transmuter et terminer. Pour transformer.
Terminer les projets échoués ou voués à l'échec, les relations compliquées ou isolantes, les schémas de pensées bloquants ou effrayés.
Le doute peut persister, car des choix sont à poser.
Par la guérison, l'épuration des relations, et quand même une sacrée dose de courage !
Il s'agit, en réalité, de passer une porte (symbolique, ne va pas chez Lapeyre d'accord ?), avec sagesse, comme un rite initiatique.
Nous grandissons, ou plutôt nous évoluons.
Et même si ce n'est pas encore tout à fait gagné, nous sommes en paix.
Intérieure d'abord, puis avec l'autre, les autres.
Pourvu que nous acceptions... De changer.
Les éléments nous y aident, l'air et le feu rituels, et les polarités Yang d'action.
Car il ne faut pas confondre repos, retrait, introspection et non-agir, c'est à ce moment-là, d'harmonisation-là, que tu fais plus que tu ne l'as jamais imaginé : tu choisis de lâcher prise. Tu choisis l'harmonie entre toi et l'autre.
Les unions sont d'ailleurs très favorisées, au même titre que les désunions.
Le tout est de t'équilibrer sur tes genoux, du *Je* au *Nous*.

Pendant cette lunaison je travaille sur :

- Mon intuition et mes capacités d'introspection (méditation, psychanalyse, journal intime, etc.).
- L'harmonisation de mes relations.
- Mes choix et compromis.
- Mon équilibre.
- Mon existence sociale et individuelle, publique et intime.
- Mon couple.
- Mon plexus solaire.
- Mon ouverture aux autres.

DO

V Je me marie ou divorce, m'unis ou me désunis.
V Je fais les deuils nécessaires.
V J'active mon 3e œil.
V Je prends de l'assurance.
V Je développe mes instincts et désirs profonds.
V Je suis indépendant·e, mais ouvert·e aux autres.
V J'équilibre ma vie.
V Je choisis.
V Je remercie.

DON'T

× Je fais attention à la colère.
× Je n'ai pas peur de la mort et des fins.
× Je ne suis pas injuste, ou ne subis pas l'injustice.
× Je ne m'isole pas.
× Je ne m'accroche pas au passé.

BONUS

\+ Je peux casser le mur, passer la porte, foncer depuis moi vers les autres, avec un drapeau blanc de paix.

QUESTIONS

› Que dois-je laisser mourir, ou partir ?
› Qui dois-je épouser, unir ou quitter ?
› Comment trouver la paix dans ma vie ?
› Quelle est ma relation à ma vie intime ?
› Suis-je un individu à part entière ?
› Ai-je peur de l'autre ?

La nouvelle lune de la chute des feuilles

C'est la première nouvelle lune de transformation marquée par l'équinoxe d'automne, et portée par le seul signe du zodiaque non vivant, la Balance. Celle qui équilibre les polarités, les cycles, les pertes et trop pleins, un petit peu de ci, un petit moins de ça, pour changer.
Nous devenons comme des androgynes, mi-ombre mi-lumière, mi-homme mi-femme, mi-petit mi-grand, au beau milieu de la roue de la vie, en étape 7, le passage vers le zodiaque supérieur et les énergies spirituelles.
La paix et l'harmonie sont le cadeau de nos acceptations à lâcher, faire se terminer ou mourir tout ce qui ne nous équilibrait plus, tout ce qui pesait.
L'élément air nettoie l'ancien et porte le cycle de transmutation qui arrive.
Cet équilibre, nous le cherchons pour nos liens aux autres et aux mondes.
Ça y est, nous sommes enfin prêt·e·s à nous unir à un·e autre, à une âme, à un corps, à un sacré, prêt·e·s à signer le contrat.
Prêt·e·s pour le NOUS.
Six étapes, six lunaisons, nous ont aidé·e·s à incarner, à ressentir, et faire grandir notre individualité, notre *Je*, notre moi terrestre, nous sommes maintenant en route pour le lier à l'extérieur.
Alors oui, pendant cette lunaison tu peux quitter ou épouser, approfondir le lien ou prendre de la distance. Grandir. Aller vers ta liberté : la clé offerte après la transmutation qui se dessine, avec courage.
Les luttes d'égalités peuvent être défendues, et si tu prônes l'égalité homme/femme, sers-toi de cette lune et de son instant.
Elle t'ouvre à la source, en débloquant ton énergie vitale, ton plexus solaire, alors plus besoin du soleil pendant cet équinoxe d'automne, c'est toi la lumière !
Pour cela, balance, harmonise ta vie, trouve l'assurance d'évoluer et de faire évoluer tes relations amoureuses principalement, mais aussi tes associations, partenariats ou amitiés.
Les jours et les nuits s'équilibrent avec l'équinoxe, et la force de la pénombre s'installe, la force de l'existence individuelle face à la vie sociale, et la (grande) question de l'idéal de vie ?
Il est à propos de s'ouvrir à l'autre et toute sa différence, de s'ouvrir à soi dans toute sa différence.
C'est aussi un bon moment pour invoquer la beauté, la reconnaître, la faire exister. Et comme nous sommes très sensibles à un esthétisme extérieur, à tort ou à raison, faisons attention aux formes et aux apparences plutôt qu'aux fonds.
En fait, nous apprenons à nous individuer, et donc à aimer l'autre, tout aussi unique et profond que notre jolie bobine pleine d'indécisions.
Nous convoquons le principe Yang pour agir et manifester, nous voulons sortir de notre nombril, maintenant bien défini.
Je sais enfin qui je suis, alors…

Nous sommes.

La pleine lune de sang

C'est la porte, la pleine lune du passage. Vers le niveau caché du jeu vidéo, le *level up*, vers l'autre, vers ce qui nous attend, vraiment.
Vers le supérieur.
Comme si nous avions un mur à casser, un passage à traverser, avec beaucoup de force et de courage.
Cette étape porte l'énergie des commencements, et celle des (re)naissances, en vibrant les relations entre fins et débuts, morts et vies.
Nos instincts sont en éveil vers, cette fois-ci, la réalisation de nos désirs profonds, l'action lors de cette pleine lune vient de l'intime, du *Je*.
C'est le moment de réparer ce qui nous empêche d'être nous-mêmes, après le bilan et l'équilibre. De se séparer aussi. D'un ancien schéma, d'une relation, d'un job dans lequel tes capacités et tes talents ne sont pas reconnus, d'une structure, d'une peur, d'une mémoire.
Plus de mémoire pendant cette pleine lune : **Bye bye le passé !**
Il s'agit de le veiller, comme un deuil symbolique (ou vécu), pour traverser.
En astrologie, cette pleine lune est en Bélier, l'étape 1, celle où tout (re)commence après avoir traversé le fleuve de l'oubli, après avoir décidé volontairement de perdre la mémoire, pour se réincarner à nouveau pour un nouveau voyage.
Alors les voyages sont facilités, notamment les spirituels, c'est un bon moment pour partir en retraite ou quête initiatique, en échappée mystique personnelle, dehors ou dedans.
Une communication intime, interne, est possible, et ton 3e œil est au taquet !
Trouve ta propre intuition.
Laisse partir ce qui le doit.
Mais attention à la colère, car les énergies d'indépendance et d'individualisation sont puissantes, portées par une grande force d'action personnelle.
Cette pleine lune t'invite à être ta propre lumière, elle active la polarité Yang, celle qui manifeste dans la matière en cassant toutes les barrières limitantes. Beaucoup de projets nouveaux, de rencontres, de créations peuvent l'accompagner, et c'est un moment idéal pour initier.
L'élément feu porte l'impulsion, comme dans un moteur.
L'impulsion du *Je*.

Je suis.

CHER UNIVERS...

Exercice de la nouvelle lune

La lettre à l'Univers

Ton kit de rituel + une page de ton carnet ou une carte postale + un stylo + la nouvelle lune + toi

Pendant la nuit de la nouvelle lune, ouvre ton cercle, installe tes bougies, encens, et/ou ton autel, puis assieds-toi calmement avec ta carte postale et ton stylo.

Après avoir fait le calme, une série de respirations profondes ou une petite méditation, commence ta carte postale.

Décris par les faits, comme si tu écrivais une carte à ton papi pendant les vacances à la mer, ta situation.

Puis note tout ce que tu désires, avec le plus de précisions possibles. Si par exemple, tu souhaites changer de job, décris tous les détails de ce nouvel emploi idéal, tes missions, ce que ça va t'apporter, les personnes qui seront dans ton équipe, etc.

Ne sois pas timide en écrivant, tu passes commande à l'Univers tout en lui envoyant des nouvelles et des bisous de la Terre !

Ne réfléchis surtout pas à comment tu vas atteindre tes souhaits et intentions, c'est lui qui gère.

Lorsque tu as terminé ta carte, tu peux fermer le cercle en remerciant la lune de t'avoir guidé·e.

Tu pourras garder cette carte dans un tiroir, sous ton oreiller, ou même l'envoyer.

Cher Univers,

Cher Univers,

ÉNERGÉTISATION

Rituel de la nouvelle lune

Le souffle

Se débarrasser de la négativité

Ton kit de rituel + une bougie noire + une bougie blanche ou argentée + quelques gouttes d'huile essentielle de lavande + un encens à base de lavande ou de fleur légère + un verre d'eau de source ou de ton eau lunaire + la nouvelle lune + toi

Pour ce rituel, le cercle n'est pas obligatoire, mais tu peux dresser ton autel avec fleurs et bougies blanches + cristaux, mais pas trop, car l'énergie ne doit pas s'éparpiller. Vise la sobriété !
Réalise-le le jour exact de la nouvelle lune, et de préférence à son heure exacte (attention aux heures d'été / hiver, prends toujours l'heure GMT, elles sont indiquées à la fin du carnet), car plus tard, la lune commencera à croître, et l'énergie augmentera.

Alors que pour purifier, elle doit être neuve et basse. Pour purifier, il faut accepter de perdre ou de réduire quelque chose, quelque force, quelque désir...

S'il fait jour, arrange-toi pour fermer les volets et être dans le noir avant d'allumer les bougies de l'autel et l'encens. N'allume pas encore la bougie noire.
Assieds-toi, calme-toi, ta respiration devient régulière, avec le temps nécessaire.
Prends alors la bougie noire dans la main, et visualise toute la négativité, tous les ennuis se canaliser en elle, fatigue ou immobilisme, blocages, mauvaise santé, tristesse, peine, etc.
Imagine toutes ces choses comme de l'eau boueuse, chargée, qui s'écoule de tes mains vers la cire de la bougie.
Puis allume cette bougie et prononce à voix haute et claire :
La boue se déverse, les impuretés sont chassées!
Maintenant, souffle de toutes tes forces sur la flamme de la bougie.
Après quelques instants, rallume la bougie et place-la dans un endroit sûr, en toute sécurité, pour la laisser brûler complètement toute la nuit ou la journée.

Prends ensuite la bougie blanche ou argentée, sans l'allumer, et imprègne-la d'huile essentielle de lavande.
Visualise alors la fraîcheur de la nouvelle lune, sa pureté, sa lumière cachée mais claire, et imagine-la te remplir entièrement.
Tout ton être, tout ton cœur, en te nettoyant et te purifiant.
Allume alors la bougie.
Prends le verre ou le bol d'eau et bois-le. Absorbe son pouvoir purifiant dans ton vaisseau, dans ton corps.

Chaque jour à partir de celui-ci, tu brûleras un tiers de la bougie blanche ou argentée, pendant 3 jours de suite.
Quand elle se termine, regarde la lune croissante dans le ciel, ou visualise-la s'il y a des nuages.
Essaie à nouveau d'absorber son énergie en toi, comme l'eau qui a été bue le soir du rituel, en ouvrant ton être tout entier à la nouveauté, à la lumière.

À l'issue des trois jours, remercie la lune nouvelle et jeune pour son cadeau de clarté et d'amour.

MANIFESTATION

Exercice de la pleine lune

Le jeu du portefeuille

Se donner les moyens de réaliser

Ton kit de rituel (facultatif) + ton portefeuille
+ la pleine lune + toi

24 heures avant ou après la pleine lune, vide entièrement ton portefeuille de tous les objets qui laissent l'argent filer.
Carte bleue, tickets de caisse, cartes de fidélité, etc.
À la nuit tombée, place-toi à l'extérieur, et tiens ton portefeuille bien ouvert, et bien vide, vers la lune et les étoiles.
À haute voix (mais pas trop fort quand même, parce qu'à ce point-là, tes voisins te trouvent déjà vraiment bizarre !), remercie la lune en secouant vigoureusement le portefeuille.
Utilise tes mots à toi, parle avec le cœur, ne réfléchis pas.
Tu peux dire :

Merci de me donner les moyens de réaliser mes rêves ou Merci ma lune de remplir mon portefeuille de tunes.

Ou même :

Gratitude à toi, lune, pour toute l'abondance que tu apportes dans ma vie !

Jamais de futur, de passé, de négation ou d'impatience. Tu es dans le ici et maintenant, et en pleine confiance, car tu sais que l'Univers est toujours là pour te dépanner.
Si, tu le sais.
Visualise-toi en train de recevoir ce que tu désires, et ressens les émotions que tu éprouveras, joie, soulagement, plaisir, excitation, etc.

Clôture l'exercice en remerciant à nouveau la lune pour sa présence et sa générosité envers toi.

INTENTIONS

Rituel de la pleine lune

La poudre à souhaits

Se souhaiter le meilleur

Ton kit de rituel (facultatif) + quelques coquilles d'œuf + des clous de girofle + du romarin séché + du sucre en poudre + une pincée de sel et de poivre + un bol et un pilon (ou un moulin, mixeur, etc.) + la pleine lune + toi

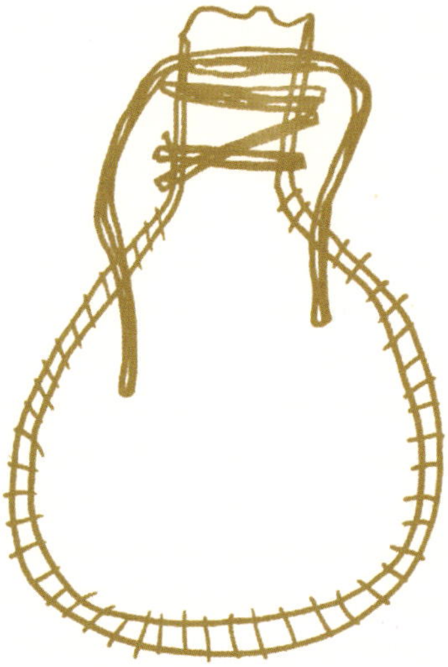

Le soir ou la journée de la pleine lune, installe ton cercle rituel et/ou ton autel, puis réunis tes ingrédients.
Écrase-les à l'aide d'un pilon, de tes mains, ou mouds-les tous ensemble, jusqu'à l'obtention d'une poudre fine.
Place-la dans le bol.
À la nuit tombée, sous la lune pleine, sors et fais ton vœu, à haute voix si tu le peux.
Puis souffle la poudre en l'air, le plus haut que tu peux.

Veille à faire un vœu réalisable, sinon la magie ne viendra pas, devenir le mec ou la meuf de Rihanna peut être plus difficile à manifester, mais après tout...
Ton vœu devrait être exaucé avant la pleine lune suivante.

Crois-y c'est tout, complètement.

Novembre

Lunaison du castor ou lunaison des brumes et des arbres nus

La transmutation du Premier
Se transformer

La lunaison est celle du silence, où le castor se sécurise pour résister à l'hiver en maîtrisant les deux éléments eau et terre (automne et hiver), pour se construire un refuge.

Ça y est, nous changeons, nous et nos vies, nos emplois, contextes et situations. Relations.
Ça y est, nous sommes d'accord pour transformer ce qui doit l'être, faire entrer notre année dans sa phase de mutation.
Pour cela, le silence est nécessaire, conseillé par cette lunaison.
Celui qui accompagne les deuils et les fins de toutes choses, le recueillement, mais aussi celui de l'espace intérieur, du refuge.
Que ça soit dans nos foyers, ou dans nos intériorités, nous avons besoin de calme, de nous sécuriser, de nous mettre à l'abri.
On peut, pendant cette lunaison, trier une dernière fois, ranger, classer et surtout donner. Donner ce qui ne nous sert plus à ceux et celles qui en ont besoin.
C'est une période de repos, de pause. Comme un arrêt symbolique de eaux (les émotions).
Une introspection donnant lieu à l'enracinement, nous cherchons nos socles, bien réfugié·e·s sur nos terres, notre terre.
Tout ce qu'il se passe sous nos pieds, sous nos projets, sous nos demeures, est en train de se réveiller, des choses cachées comme les eaux souterraines.
Nous sommes comme la feuille qui tombe de l'arbre sur le sol, et se putréfie pour donner de l'engrais, préparer ce qui suivra l'hiver.
Un terreau fertilisé et riche.
Nous sommes au cœur de l'automne, dans son processus alchimique, celui qui fait mourir pour fertiliser les nouvelles pousses qui arriveront.
La transformation des matières est l'énergie qui baigne ce mois, un bon mois pour mettre aussi au repos son système digestif par le jeûne, pour couper ses cheveux, ou faire une détox.
Nous transformons, métabolisons avec une lenteur indispensable. Ce mois ne va pas vite, ne nous précipitons en rien, car une certaine fatigue peut être présente.

La mort initiatique de nos anciens schémas, projets dépassés, relations bancales se fait, tranquillement, lentement, extra-sensoriellement.
C'est une étape indispensable pour préparer le renouveau, six mois plus tard, bercé·e·s par les éléments eau et terre, qui forment comme un marécage où nous libérons nos toxicités, qu'elles soient physiques, mentales ou émotionnelles.
La polarité activée est le Yin, qui nous aide à nous réfugier, pour changer de peau, sans (trop) s'inquiéter.

Pendant cette lunaison je travaille sur :

- Ce que j'ai à clôturer, ou à laisser derrière moi.
- Ma capacité de changement et de résistance au changement.
- Ma sexualité.
- Mes corps physique et astral (par la méditation, le sport, un accompagnement énergétique ou thérapeutique, etc.).
- Ma polarité Yin (féminin).
- Mes émotions profondes, cachées, souterraines.
- Ma récupération et mon repos.
- Mes deuils nécessaires.

DO

V Je fais une pause.
V Je m'enracine.
V J'accueille mes fins de cycles.
V Je récolte les fruits de mes efforts.
V Je purifie.
V J'écoute mon corps.
V Je transforme mes projets, relations, matières.
V J'intègre les leçons des épreuves rencontrées.
V Je vis intensément mes sentiments.

DON'T

× Je fais attention aux peurs qui se réveillent.
× Je ne fais plus perdurer une ou des situations toxiques.
× Je ne me presse pas.
× Je ne crains pas de changer les choses, ou moi-même.
× Je ne verrouille pas mes émotions, même si elles sont intenses.
× Je ne résiste pas, et quitte mes croyances limitantes.

BONUS

\+ J'ai la possibilité de m'enraciner très profondément dans ma vie, par la transformation du passé.

QUESTIONS

› Est-ce que je m'autodétruis, me sabote ?
› Qu'est-ce qui doit être changé dans ma vie, dans mon projet, dans ma relation ?
› Quelles sont mes fondations ?
› Quel chapitre dois-je clore ?
› Où est-ce que je me sens en sécurité ?

La nouvelle lune des arbres nus

C'est la première nouvelle lune de mutation, où dans l'obscurité qui gagne les journées, nous changeons.
Une alchimie se fait alors que la nuit gagne nos journées, l'eau et la terre forment la boue, un humus fertile pour les mois à venir, ceux du nouveau printemps après la saison sombre.
Ce repli est salutaire, physiologique. Nous nous réfugions pour nous endormir, lentement.
L'année solaire est bientôt terminée, et beaucoup d'épreuves et de joies l'ont habitée, c'est l'heure d'en faire quelque chose ! De les enraciner ou de les libérer, de comprendre ou de changer, de terminer ce cycle d'une année.
Mais avant, nous devons nous retrouver seul·e·s, avec nous-mêmes, et avec nos émotions qui gagnent en intensité.
Un équilibre ciel et terre est à notre portée, entre tous nos corps, qu'ils soient émotionnel, mental, physique, énergétique ou astral.
Bien sûr des choses doivent mourir, s'arrêter, se terminer, et cette période peut porter des deuils de toutes natures, des destructions, des sentiments puissants et passionnés.
Nous évoluons.
Une prise de conscience de tout ce qui doit se finir est réelle, pour ce qui viendra après.
Que serais-je une fois cette relation terminée ? Une fois ce cycle bouclé ? Une fois ce projet abandonné ? Que serais-je après cette année ? Qu'est-ce qu'il y a après la fin ? Après la mort ?
Autant de questions qui se posent pendant cette lunaison, qui est, encore une fois, un temps d'introspection.
La lenteur, l'endormissement de la nature dehors nous poussent à ralentir nos rythmes, et **revenir à l'essentiel, aux sources, à la pureté**.
Pour cela, la sexualité est une énergie clé, car elle est une forme d'ancrage et d'intégration des sensations fortes de cette nouvelle lune.
Car oui là, tu ressens ! Et tu ressens vraiment ! Tes capacités extra-sensorielles peuvent être réveillées, tes envies de tout envoyer valser aussi.
C'est que tu entres dans le cocon, à la porte de l'hiver, pour te transformer en le plus beau des papillons.
Un abri, une hibernation, dans lequel tu changeras de peau.
Aidé·e par l'élément eau du Scorpion, celui des sources pures et souterraines, celui des bases sous-jacentes de la polarité Yin activée, pour te nourrir pendant la métamorphose.

Je me réfugie dans ma terre.

La pleine lune du castor

Cette puissante lune se connecte à la terre fixe, celle du Taureau, celle sous nos pieds stabilisés, où siègent nos racines.
Familiales oui, mais aussi karmiques. Nos dons et talents innés, nos peurs et mémoires profondes. Nos graines et semences, nos mauvaises herbes : tout ce qui nous nourrit !
L'expérience de mort symbolique, portée par l'ensemble de la lunaison, demande maintenant un retour au centre du ventre-terre, et de nos origines.
Alors pas seulement car Noël c'est le mois prochain, et que tu ne sais pas quoi offrir à ta maman, mais surtout car quelque chose s'y trouve, un pouvoir.
Une force douce, chaude et calme nous attend dans la terre, dans nos foyers, nos histoires, nos généalogies, les bras de nos proches.
Une plénitude.
L'intuition et les rêves peuvent, et doivent, être écoutés pendant cette pleine lune, qui donne la part belle à la voix intérieure, celle qui nous veut du bien, pas le saboteur !
Ça s'appelle l'intimité. Et c'est une pleine lune très intime et intérieure, qui vibre sécurité et protection, utérus et maturation.
Certaines grossesses peuvent d'ailleurs se déclarer, le lien avec ses enfants et/ou parents renforcé, pendant ce moment où **la force de nos racines** est montrée.
Mon clan, mes ami·e·s, mes proches, mon amoureux·se, tout ce qui constitue mon socle.
Soyons calmes et tranquilles, les pieds bien sur terre, le cœur bien ouvert, la panse bien remplie.
Le mental n'a rien à faire autour de cette lune, mais les sensations, les réconforts, et même une certaine mise en pause du cerveau, d'oublis volontaires, et de siestes salutaires.
Repose-toi ! Tu en as le droit.
Tu es à l'abri.
Le principe Yin veille au grain, Gaïa et l'élément terre te protègent, et ta famille, qu'elle soit de sang, de cœur, ou d'âme, est là.
Rassure-toi. Recentre-toi.

Je suis en sécurité dans mon espace intérieur sacré.

Les bonhommes allumettes

Je libère le toxique
(selon la technique de Jacques Martel[2])

Ton kit de rituel + une feuille + une paire de ciseaux + des feutres ou crayons de couleurs + la nouvelle lune + toi

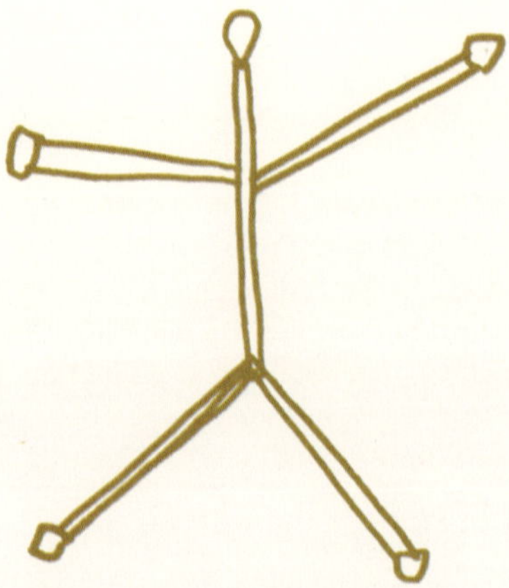

Pour libérer les émotions négatives, couper les liens avec des personnes ou des situations toxiques, provoquer une autoguérison émotionnelle en jouant sur le conscient, mais aussi et surtout, sur l'inconscient, là où ça bloque le plus souvent.
Pour harmoniser les relations, avec les autres et nous-mêmes.
Nous libérer des dépendances, peurs, attachements.
Prendre du recul.

Une fois l'autel dressé et/ou le cercle ouvert, avec encens et bougies, et tout ce que tu souhaites utiliser pour célébrer la lune, assieds-toi au calme. Installe ta respiration. Doucement.

2 La technique des « bonhommes allumettes » a été créée par Jacques Martel, thérapeute et auteur, entre autres du *Grand Dictionnaire des malaises et des maladies*, Éditions Quintessence.

Commence par te dessiner toi-même, pas besoin d'être Renoir ou Damien qui fait les dessins, fais simple, comme un enfant, comme un Monsieur Patate.
Un ovale patate pour le corps, un rond pour la tête, des traits pour les membres (le bonhomme allumettes).
Prévoir un modèle.
Sous le dessin, écris tes nom et prénoms, et à côté du bonhomme, dessine un autre bonhomme, si le lien de l'exercice est avec une autre personne.
S'il s'agit d'une situation, dessine un rectangle dans lequel tu écris le nom du problème à régler.
Autour de chaque dessin, dessine un cercle de lumière, tu sais comme un soleil dessiné par les enfants : un grand rond entouré de petits rayons bâtons.
Ces cercles symbolisent le meilleur que tu souhaites à chacun·e, même à la situation.
Trace ensuite un grand cercle pour entourer les deux derniers, toujours comme un grand soleil.

Alors vient le moment de relier chaque chakra des deux bonhommes entre eux, ou ceux du rectangle (de la situation) à ton bonhomme, avec les bonnes couleurs.
Mettre un dessin des chakras colorés

Rouge pour le chakra racine.
Orange pour le chakra sacré.
Jaune pour le plexus solaire.
Vert pour le chakra du cœur.
Bleu pour le chakra de la gorge.
Violet pour celui du 3e œil.
Blanc ou rose clair pour le chakra couronne.

Avec une paire de ciseaux, découpe la feuille en deux, pour séparer les deux personnages, ou ton bonhomme et la situation, et prononce à voix haute : *Voilà, c'est fait!*
Clôture l'exercice en soufflant sur l'encens et les bougies de ton autel ou cercle.

Tu peux, selon ton envie, brûler les morceaux de papier, ou les jeter.

CONNEXION

Rituel de la nouvelle lune

Je détaille mes rêves

Écouter dedans

Ton kit de rituel + une feuille + un crayon
+ la nouvelle lune + toi

Le soir de la nouvelle lune, installe ton cercle et/ou autel de rituel dans un endroit calme et silencieux.
Respire profondément, visualise la lune nouvelle, que tu ne vois pas, mais qui est puissante, intérieure. Pratique une respiration ventrale avec huit lentes inspirations et expirations.
Ressens tout ton corps sur le sol, sur la terre, en sécurité.
Puis, quand tu es prêt·e, commence à détailler tes rêves, ceux que tu aimerais faire et ceux que tu fais vraiment. Aide-toi des questions que tu peux recopier sur une feuille blanche.
Détaille autant de rêves que tu le souhaites.
Tu es en train d'analyser toi-même tes propres songes, connecté·e à la lune et à l'Univers. Alors écoute, toutes les réponses sont là, sous ton crayon.
Quand tu as terminé, exprime ta gratitude à haute voix à la lune et l'Univers :

> *Merci ma lune pour ce que je suis, et pour l'endroit où je suis dans ma vie.*

Puis écris *merci* en majuscules.

Tu peux placer la feuille sous ton oreiller jusqu'à la prochaine nouvelle lune, place de doux songes étoilés.

Si tu ne te souviens pas de tes rêves, voici une astuce qui marche à tous les coups: demande à l'Univers, juste avant de t'endormir, de te souvenir, tu verras c'est aussi simple que ça!

Dans quel but je rêve de cela ?

Ce rêve me fera me sentir comment ?

DIVINATION

Exercice de la pleine lune

Le caillou qui parle

Écouter la terre

Ton kit de rituel (facultatif) + un gros caillou + ton carnet ou une feuille + un stylo + la pleine lune + toi

La journée de la pleine lune, ou quelques jours avant, pars en balade, pour aller chercher ton trésor, un caillou dehors. Mais pas un gravier d'accord ? Un gros caillou, même s'il faut le chercher longtemps, et même s'il faut t'y prendre à l'avance, ou quand tu es en week-end chez tes parents.
Le soir de la pleine lune, assieds-toi au calme, tranquille, dans ton cercle ouvert, et pose ton caillou devant toi.
Si tu es avec des ami·e·s, c'est encore mieux, mais avec ton chat ça marche aussi.

Pose une question à ton caillou.

Inspire et expire huit fois en respiration ventrale, ou fais une courte méditation.
Commence alors à observer ton caillou.
Prends alors ton carnet, ou une feuille, et ton stylo, puis note tout ce qu'il te vient : image, forme, visage (tu peux dessiner aussi), mot, couleur, etc.
Mais seulement ce que tu vois, pas ce que tu imagines ou mentalises (donc ce que tu projettes), juste ce que tu vois.
Répète l'opération quatre fois, pour chacune des faces du caillou.
À la fin, relis tes notes et tu auras la réponse à ta question.

Remercie la lune et intentionne autour de cette question.

Rituel de la pleine lune

Boire le thé lunaire

Prendre le temps de célébrer

Ton kit de rituel (facultatif) + une herbe sacrée (armoise ou hibiscus ou jasmin) + une théière + la pleine lune + toi

Le matin de la pleine lune, prépare le thé lentement et en conscience. Parfaitement dans le ici et maintenant, dans chacun de tes gestes, et étapes de préparation.
La lenteur est indispensable.
Tu peux rendre ce thé aussi riche et élaboré que tu le souhaites, avec une belle théière, des jolies tasses, un filtre de soie ou de gaze, mais aussi un sachet et des jolies herbes, c'est ton thé.
Tu peux chanter une mélodie pendant qu'il infuse, danser, caresser ta peau.
Sers alors une belle tasse de ce thé que tu offres à la lune, pour la charger pendant toute la journée. Réserve le reste de côté.

Le soir venu, mets de la musique, prends une couverture, et installe-toi confortablement.
Bois le thé que tu as laissé sous la lune doucement, détends-toi, absorbe l'énergie et la lumière entrées dans les volutes noires du breuvage infusé.
Tu peux aussi laisser une tasse pleine uniquement pour la lune, ton invitée très spéciale...

Le lendemain, glisse le thé restant dans l'eau de ton bain, ou une plante un peu fragile qui a besoin d'un coup de boost. Il m'est même déjà arrivé de me laver les cheveux avec, ou d'en appliquer en compresses sur les yeux. Alors, fais-en ce que tu veux, pourvu que ça soit en conscience.

Quatrième période

Hiver – La fin
La tortue serpent noire
La couleur noire
Le Nord
L'Eau
Capricorne – Verseau – Poissons
Décembre – Janvier – Février

Décembre

Lunaison du chêne ou lunaison des longues nuits

La guérison du Premier
Se soigner

Le roi houx a gagné sa bataille contre le roi chêne, qui n'est pas mort mais s'est endormi en silence et prépare son retour, avec espoir.

La dernière période de l'année énergétique commence, celle de l'hiver, celle du froid et des nuits les plus longues, celle du chemin vers soi.
La guérison est son cadeau. Celle des peurs et des échecs passés, celle qui, dans le cœur de l'obscurité, anticipe la lumière, reprend sa force, résiste avec courage.
Nous faisons le bilan final de tout le travail dur et long proposé par le voyage de l'année, avec bravoure, et avec foi.
Le chêne et sa force représentent bien l'énergie de ce mois, nous sommes peut-être vaincu·e·s, fatigué·e·s, ou perdu·e·s, mais nous reposons.
Lâcher le négatif devient inévitable, car nous prenons conscience de notre ténacité, comme le vieil arbre.
Il est question d'y croire tout simplement. D'accepter l'inconnu qui arrive, et qui arrivera, en avoir la certitude. **Il est question d'activer l'espoir.**
En nos terres occidentales, Noël et les vacances, les fêtes, portent la période, pour nous donner l'espoir de la lumière, des guirlandes et de la naissance d'un symbole, l'enfant Jésus. Comme une allégorie de notre renaissance certaine.
La foi religieuse, ou spirituelle, qui porte cette période dite « des fêtes », témoigne de notre besoin de clarté au bout du tunnel, de journées bientôt plus grandes, de renouveau.
Mais pas encore ! Profitons de ce moment pour accepter ce que nous ne pouvons pas prévoir, pour poser des intentions. Commercialisées en bonnes résolutions, mais qui sont exactement la même chose, tu sais.
Je m'engage, dans l'espoir d'une nouvelle année, à attirer telle chose, telle situation, tel être, tel bien-être. Et pour cela, je me résous à changer ce qui est négatif, à y croire.
Alors le moment est idéal pour s'interroger sur ses croyances et connexions à la spiritualité, à Dieu, aux Incas, au grand Tout, à l'invisible en fait.
Comme une mise à jour de notre foi, et au passage de notre confiance en l'avenir.
S'interroger sur nos capacités d'espérance, mais aussi lâcher prise.
Sur les doutes et les peurs.
Les éléments feu et air, au cœur du principe Yang, font de nous un vieil arbre survivant et puissant. Croyons à notre retour à la vigueur pour très bientôt, et en attendant reprenons des forces ! Célébrons, mangeons, allumons nos nuits pour ne pas les craindre, nous sommes prêt·e·s à guérir.
Nous sommes prêt·e·s à nous élever, au-dessus de notre année, riches des leçons enseignées, fort·e·s des espoirs projetés. Nous avons le droit de faire des projets, c'est même recommandé !
Mais sans oublier de dire au revoir au passé.

Pendant cette lunaison je travaille sur :

- L'acceptation de mes forces et faiblesses, ombres et lumières.
- La guérison et l'autoguérison.
- L'harmonisation de mes corps physiques et énergétiques.
- Mes intentions.
- Le lâcher-prise.
- Mon courage.
- Ma foi.
- Mon cœur.

DO

V J'ose souhaiter et désirer.
V Je soigne ma santé.
V J'ai confiance en l'avenir.
V Je me reconnais au seuil de ma vie, de mon couple, de mon clan, de ma famille, de mon équipe de travail, etc.
V J'écoute mon cœur.
V Je donne.
V Je fais des choix.

DON'T

× Je ne reste pas bloqué·e dans mes regrets.
× Je ne fuis pas mes erreurs.
× Je fais attention à la nervosité ambiante.
× J'essaie de ne pas m'isoler, mais je m'organise des moments de silence et de paix.

BONUS

\+ Je peux fabriquer mes propres remèdes, qu'ils soient pour guérir mes blessures, ma tête, ou mon cœur, car je sais ce qui est bon pour moi.

QUESTIONS

› Est-ce que j'accepte la réussite ? La défaite ?
› Qu'est-ce qui doit être guéri dans mon cœur, ma relation, ma famille...?
› Quelles sont mes forces ?
› Qu'est-ce que je (me) souhaite pour l'avenir ?
› Quel est mon idéal ?

La nouvelle lune des longues nuits

Cette lune sans lumière, comme toutes les nouvelles lunes, est aussi la dernière de l'année solaire, elle qui traverse les 365 jours de la révolution de notre terre autour de sa source de vie.
Alors la nuit est activée, et grâce à elle l'espoir du jour levé, après.
Croyance et spiritualité, lien à la source, sont grandement proposés par le cosmos, qui nous est moins mystérieux, moins inaccessible, moins étranger.
Nous avons en fait un choix : celui de travailler nos vibrations, les positives ou les négatives.
Et c'est réellement notre décision, personnelle, pour en faire justement des choix, des intentions, des résolutions.
Quel est notre idéal, qu'il soit relationnel, émotionnel, spirituel, professionnel, familial ?
Quelle est notre lumière au bout du tunnel ? Et surtout, voulons-nous le traverser ?
Il va falloir passer cette année. Et lâcher la main de l'être de lumière qui nous a accompagné·e pendant toute celle écoulée. C'était un beau voyage, plein d'aventures, de joies, de combats et de leçons, mais il est terminé.
C'est un temps de canalisation énergétique puissant et, dans la matière, de planification de projets, de buts, de rêves, de quêtes.
Nos corps physiques et énergétiques sont harmonisés, ou ont encore la possibilité de l'être. Notamment par le repos, le repli en clan, tribu, famille, et la période des fêtes.
À la clé ? La réalisation de soi, et pas moins que ça ! Le plus beau cadeau au pied du sapin.
Et puis le désir.
Un désir pleinement activé : *Je veux ce cadeau, ce chocolat, cette vie, ce lendemain, ce crush-là.*
Alors nous travaillons beaucoup sur nos désirs pendant toute cette lunaison, et sommes dans **la phase de ressourcement**, de réparation, avant de partir à leur conquête.
Je peux te et nous souhaiter le meilleur !
Porté·e·s évidemment par un principe Yang très en forme, et l'élément feu, qui illuminent nos peurs du noir.

Je crois aux lendemains.

La pleine lune du chêne

Cette pleine lune est celle de l'autoguérison. Nous sommes prêt·e·s à regarder vers et dans nos peurs, nos ratés, notre passé, et surtout nos divisions internes, nos docteurs Jekyll et Mister Hyde intérieurs.
C'est une pleine lune de relâche, de libération de tous nos schémas et croyances mais, tout·e·s seul·e·s. Comme des grand·e·s que nous sommes devenu·e·s ! Des adultes capables de se soigner, de développer nos propres remèdes sur mesure pour nos blessures sur mesure, de s'autoguérir, de s'autorégénérer.
Nous avons cette force, et il est temps d'en prendre conscience !
Dans un certain silence, dans notre intériorité au milieu des bruits, assez rassurants pour nous le permettre.
Oui, tu peux plonger en toi très intimement pendant les fêtes, pourquoi ? Parce que dehors tu te sens en sécurité, au milieu de ta famille ou de ta tribu, sous les lumières de Noël, à l'abri.
Pourtant le travail inconscient est très profond, il s'agit de connaître, de se connaître. Pour s'aimer.
Identifier peurs et blocages, mauvaises routes et remerciements, défaites et regrets.
Oui, c'est un bon moment pour regretter, puis ne plus y penser.
Car si l'autoanalyse est très grandement facilitée par cette pleine lune, attention à la nervosité et aux coups de déprime. Attention, car tu es fatigué·e. Comme le chêne après son combat, un combat intérieur entre tes ombres et tes lumières.
Alors les maladies et les blessures à guérir, qu'elles soient physiques, émotionnelles, mentales, spirituelles, peuvent refaire surface, dans cette forme de repos du guerrier qui commence à se dessiner.
C'est le cœur qui se répare, tu sais. En tout cas, c'est ce que cette lune te dit : guéris-toi par le cœur, fais le don d'amour, mais à toi.
C'est ton plus beau cadeau !
Puis après, tu pourras choyer tes proches.
Être en paix dedans, dehors, et utiliser le principe Yang d'action qui est partenaire de cette lunaison d'introspection, une des plus actives de l'année. Car ça n'est pas parce que le travail ne se voit pas comme une étoile clignotante, qu'il ne se fait pas !
L'air élément de l'élévation, de l'invisible et du subtil te porte, reconnais-toi.

J'accepte et je guéris.

Exercice de la nouvelle lune

La boisson lunaire de soutien

Se donner de l'amour

Ton kit de rituel (facultatif) + un quart de verre d'eau de fleur d'oranger + un sachet de thé sans théine + une gousse de vanille + des pétales de rose + un grand verre et une grande tasse + la nouvelle lune + toi

Le jour de la nouvelle lune, dans un moment de calme et de silence, juste avec toi-même, fais infuser le thé avec la gousse de vanille dans une casserole, ou une belle théière, pleine d'eau bien chaude. N'hésite pas à prévoir un grand volume.
Retire le sachet et laisse refroidir l'infusion.
Visualise la lune, même si tu ne la vois pas, pendant toute la préparation, laisse son énergie te guider, te soutenir.
Remplis alors ton verre avec un quart d'eau de fleur d'oranger, puis rajoute le thé refroidi et quelques pétales de rose.

Déguste cette boisson pendant les six heures qui précèdent et suivent la nouvelle lune, elle pansera ton cœur de ses blessures et amertumes.

LIBÉRATION

Rituel de la nouvelle lune

Les p'tits papiers

Exprimer ce que tu ressens sans barrières, censures ou retenues

Ton kit de rituel + un briquet + des petits papiers
+ un stylo + un bol ou une casserole
+ la nouvelle lune + toi

Découpe des petits morceaux de papier, et place-les dans un bol ou une casserole.
Entre dans le rituel, forme le cercle, allume une bougie blanche.
Pose le bol de papiers devant toi, puis fais le calme et respire profondément.
Sur chaque papier, note une de tes émotions (envie, désir, peur, doute, colère, rage, amour, tristesse, jalousie, etc.). Tout est possible, et sans aucune honte ou censure, c'est important !
Une fois que tu as écris tous tes ressentis, place les papiers dans le bol devant toi.
Prends le briquet, et embrase-les.
Énonce alors à haute voix bien fort, trois fois :

> *Je libère ici et maintenant tout ce qui ne me sert plus, tout ce que je ressens, tout ce qui m'empêche d'avancer!*

Remercie la lune et l'Univers, puis ferme le cercle, et jette les cendres dehors.

Tu peux aussi enterrer les cendres, au pied d'un arbre par exemple.

Tirage de tarot du chemin

Se recentrer sur ses buts et ses désirs

Ton kit de rituel (facultatif) + un jeu de tarot, oracle ou cartes d'intention (tu peux utiliser les cartes reflets du carnet) + la pleine lune + toi

Installe-toi dans un lieu calme et serein, tu peux allumer une bougie, un bâton de fumigation ou de l'encens.
Puis dresse ton autel et/ou ton cercle, et parsème-le de fleurs séchées, et tout ce qui pourra t'apaiser et te centrer.
Des cristaux liés à l'énergie de la lune peuvent t'aider, tes talismans activés par un rituel, ou une diffusion d'huile essentielle de lavande ou de rose aussi.
Ouvre ton cercle, et après une petite méditation avec de longues inspirations/expirations ventrales, connecte-toi à l'énergie de la lune en la visualisant, ou en la regardant directement.

Quand tu es prêt·e, tire sept cartes dans cet ordre :

1. Où en suis-je dans ma vie en ce moment ?
2. Comment je me projette dans le monde ? (ou dans ma relation ?)
3. Qu'est-ce qui bloque mes désirs et mes buts ?
4. Que puis-je faire pour dépasser ces obstacles ?
5. Que puis-je travailler en moi pour m'aider à atteindre mes désirs ?
6. Que puis-je apprendre des autres, et du monde extérieur, pour m'aider dans ma quête ?
7. L'issue

Note maintenant tes ressentis au sujet du tirage.
Observe les obstacles, et ton chemin.
Lorsque tu te sens prêt·e, souffle les bougies et ferme le cercle.

Tu n'as pas besoin de savoir déjà tirer les cartes pour faire l'exercice, c'est ton intuition qui parle, fais-lui confiance.

GUÉRISON

Rituel de la pleine lune

Le masque de purification lunaire

Apaiser corps, cœur et esprit, bien dormir, et relâcher ce qui intoxique

Ton kit de rituel (facultatif) + un sachet d'argile marocain rhassoul + un petit verre d'eau florale de rose + des huiles essentielles de santal ou d'amyris et de géranium d'Égypte + une coupelle ou un petit bol (pas de plastique ni d'inox, en verre ou en bois) + une cuillère en bois + la pleine lune + toi

La soirée ou la nuit de la pleine lune, prévois un moment rien qu'à toi (tu peux l'organiser à l'avance grâce au tableau qui te présente toutes les lunes de l'année en fin de carnet).
Tu peux installer ton cercle et/ou autel, ou simplement écouter de la musique avec un bon verre de thé ou de vin blanc.
Tu es tranquillement en tête à tête avec la lune, complètement serein·e.
Si tu as une baignoire, tu peux te faire couler un bain rituel, mais une douche chaude et longue sera aussi très douce.

Commence alors à mélanger tes ingrédients.
Dans le bol ou la coupelle, verse trois cuillerées à soupe d'argile en récitant :
Par la terre, je purifie.
Trois gouttes d'huiles essentielles de santal ou amyris en récitant :
Par l'air, je connecte.
Trois gouttes d'huiles essentielles de géranium en récitant :
Par le feu, je réveille.
Ajoute petit à petit l'eau de rose en récitant :
Par l'eau, je nourris.
Remue jusqu'à l'obtention d'une pâte onctueuse.
Utilise cette pâte comme un savon, en enveloppant et massant le plus longtemps possible la peau de ton corps et de ton visage humide.
Puis en la laissant poser quelques minutes.
Rince abondamment en remerciant la lune et l'Univers.
Lorsque tu as terminé, tu peux fermer ton cercle et aller te coucher.

Dors.

Janvier
Lunaison du loup ou lunaison des neiges

Le repos du Premier
Se recharger

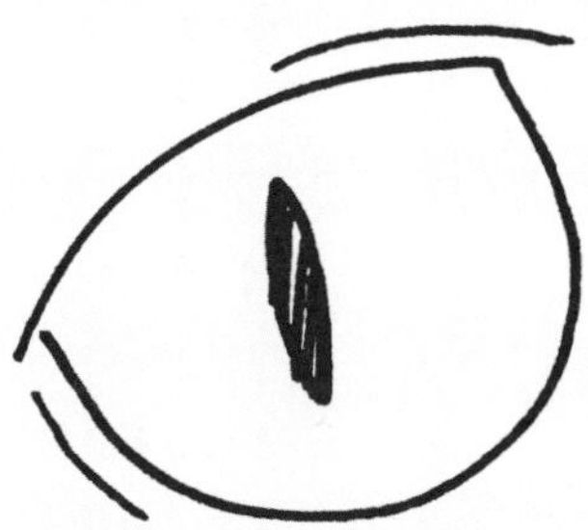

La lumière revient doucement, nous sommes de plus en plus fort·e·s au fil des jours qui passent, l'espoir est à son maximum car dehors tout semble mort mais se prépare en silence.

Le froid est là, la neige peut-être, l'inertie.
Nous n'avons qu'à nous endormir, momentanément, pendant cette lunaison de calme, de préparation, de protection.
Le processus alchimique des 24 jours est en marche.
Les 12 dernières journées de décembre et les 12 premières de janvier créent un espace sacré, un temple, un lieu de transmutation.
Nous avons utilisé les 12 derniers jours de l'année solaire précédente pour faire son bilan.
Nous activons les 12 premiers jours de janvier pour découvrir ce qui nous attend, inconsciemment. Comme si chaque journée portait l'énergie d'un des mois de l'année : les 12 lunaisons sont activées.
Cette parenthèse, sur laquelle on a placé des vacances et des fêtes, est comme un sas entre deux mondes, entre deux années solaires, entre deux voyages.
Ne passons pas à côté ! Une alchimie se fait entre la fin et le début, pour nous aider à déposer derrière les mémoires passées, et faire la place aux nouveaux souvenirs à fabriquer.
Alors on recharge en janvier.
Nos énergies, nos forces, comme la terre qui se prépare à renaître, qui génère sa fertilité.
Les bonnes résolutions que nous avons prises, sont des engagements envers nous-mêmes, envers les autres, envers la terre.
C'est une bonne période pour ritualiser, marcher lentement en forêt, embrasser notre nature sauvage, projeter dans le calme de notre intériorité.
Nous accueillons les bénédictions de la nouvelle année, déjà là et qui arrivent, nos destinées.
Alors tu prends beaucoup de confiance en toi pendant cette lunaison, elle t'y invite en tout cas.
Elle développe ton instinct de survie, face au froid, mais aussi face à l'hier, et l'avant-hier.
Pour avancer.
Il y a là comme une incarnation du divin dans la matière, l'allégorie de la naissance de Jésus l'illustre bien : il naît, et nous renaissons. En fait il s'incarne et là, nous nous incarnons.
Comme un loup des neiges, fort, déterminé, connecté à la nuit et à la forêt. Solitaire, mais membre de sa meute. Fier.
Alors je ne te demande pas de hurler sous la lune (quoique certain·e·s ont essayé, et c'était plutôt cool), mais de prendre conscience que cette lunaison, plus que les autres, te place sur ton chemin : vers ton destin.
Imagine ton année, fais des plans et projets, intentions et souhaits, dans la non-action. Pour le moment, le loup dort, élabore des stratégies, anticipe. Mais jamais il ne s'inquiète, alors ne cède pas à la panique du lendemain, si tu y vas, c'est qu'il est bon pour toi.
Cette lunaison, c'est de l'incarnation, de la réincarnation pour un nouveau voyage autour de la source de vie, notre soleil, *une révolution*, dit-on.
Les éléments terre et eau sont activés, le Yin optimisé, notre chrysalide sur le point de se craqueler.
Ayons pleine confiance en demain tout en nous reposant, dans le ici et maintenant.

Pendant cette lunaison je travaille sur :

- Ma créativité.
- Mes forces de détermination et de motivation.
- Le soin de mes énergies physiques, leur récupération.
- Mes instincts.
- Ma relation avec le féminin, chez moi et chez l'autre.
- Mes bases.
- Ma confiance en moi (et aux autres).
- Mes idéaux (à poursuivre !).

DO

V Je me connecte à mes guides ou à mes rêves.
V J'hiberne et réduit un peu mes relations sociales.
V Je prends soin de moi, de mon corps.
V J'ouvre mon cœur.
V J'envisage de faire un enfant (symbolique aussi, comme un projet, une quête).
V Je me sens protégé·e et connecté·e à plus grand que moi.
V Je suis fort·e.
V Je suis autonome.
V Je suis moi.

DON'T

× Je ne donne pas prise aux querelles familiales ou relationnelles.
× Je ne fonce pas tête baissée sans planification.
× Je ne me ferme pas au nouveau.
× Je ne suis pas autoritaire.
× Je n'essaie pas de changer l'autre.
× Je lâche le passé.

BONUS

\+ J'ai comme un nouveau compagnon de lumière qui me prend par la main pour implanter mes rêves, projets, buts, et idéaux, dans cette nouvelle année.

QUESTIONS

› Est-ce que j'ai confiance en l'avenir ?
› Suis-je assez persévérant·e ?
› Ai-je coupé les cordons de mes dépendances (parentales, affectives, professionnelles, mentales…) ?
› Quelle est ma connexion au monde invisible ?
› Qu'est-ce qui me guide (ou qui) ?

La nouvelle lune du loup

C'est la nouvelle lune du retour à la joie, et une pulsion créatrice est là.
Une pulsion de vie dans le gel (dans la mort), qui réveille notre détermination.
Notre implication.
Dans notre vie, dans notre couple, dans notre boulot, dans notre maison, dans notre vécu matériel.
Dans notre incarnation, celle qu'on a choisi de vivre, malgré les hivers.
Libres.
Cette nouvelle lune nous souhaite prêt·e·s et motivé·e·s, comme si on voulait notre devenir, comme si on était ok pour devenir. Qui ? Nous-mêmes.
Devenir soi encore une fois, et c'est tout le principe des cycles qui est intégré.
Nous avons la volonté, des intentions, des résolutions, des intuitions en fait, et donc beaucoup de projets et de désirs.
Cette lune te demande d'écouter tes ressentis, d'en faire un programme, une liste, un planning.
Écrire sur le papier ce que tu souhaites faire de ton année est, à ce moment-là, très positif.
Parce que **ton regard est neuf**, comme réincarné, purifié à nouveau, ouvert à d'autres dimensions : qu'elles soient de vie, amoureuses, professionnelles, de développement personnel ou spirituelles, elles sont juste nouvelles.
Comme la lune. Elle est en Capricorne, et te soutient dans tes objectifs, tes idéaux, tes ambitions, ton grand plan.
Tu es plus instinctif.ve que jamais, dans les nuits longues de janvier, avec force et autonomie.
Une grande fille, ou un grand garçon, prêt·e à décider de sa vie, de la montagne à gravir, du rêve à conduire, des opportunités à saisir.
Le principe Yin te soutient et veille à ce que tu aies tout ce qu'il te faut sur ton chemin. L'élément terre sous tes pieds, tu t'apprêtes à te (re)lever, et marcher.

Je suis mon instinct.

La pleine lune des neiges

Cette pleine lune nous connecte à nos rêves et au Yin essentiel, au féminin sacré, en chacun de nous. Dans l'obscurité, nous sommes comme guidé·e·s. Simplement parce qu'une pleine lune ça brille très fort, comme un gros projecteur sur une problématique, sur une relation, sur une peur, sur un nuage, mais aussi car c'est la constellation du Cancer, son domicile, qui l'accueille.
La lune retourne à sa source, et nous gagnons le cadeau des signes, synchronicités, visions.
Nous ressentons une lumière douce, intérieure, et les prémices du soleil, son Yang adoré, qui revient bientôt.
Après la récupération, voici le temps de l'invocation.
Pendant que nous soignons et réparons nos énergies physiques, peut-être même imaginons une petite diète détox nécessaire, que nous récupérons nos forces pleinement, notre cœur lui est activé.
Tu disposes pendant cette lune d'un *full access* au *self care, self love, self acceptation*, et tous les mots en self (sauf sabotage, car oui, c'est toujours très tentant). Tu revisites tes routines, santé et bien-être. Tu trouves ton espace à toi, et tu le rends sacré.
Parce que pendant ce temps, en souterrain, dans les profondeurs de ton inconscient, un travail se fait. Un travail de redémarrage, de réactualisation, depuis le socle. Depuis ta base.
Alors c'est vrai que cette lune propose un double challenge : soigner le corps physique pendant que les corps émotionnels et énergétiques se débloquent.
Nous-mêmes dans l'utérus, le ventre, la matrice pour (se) nourrir, (se) soigner, (se) débloquer.
Pour (se) féconder.
La chenille est prête à devenir papillon, elle se déploie de plus en plus dans son cocon.
Il y a un contraste entre la passivité extérieure et une ébullition intérieure, comme pendant une hibernation.
Nous apprenons à être nous, à être avec nous, et personne d'autre, à être Un·e.
Nous prenons, pour cette année encore, notre nom et notre forme et, bien sûr, toutes les problématiques de dépendances, qu'elles soient affectives, familiales, au travail ou aux substances, sont pointées.
Mais nos parents, *crush*, ami·e·s, piliers, supports, codépendant·e·s, deviennent plus inconditionnellement aimant·e·s, ils sont la lune, le soleil et l'Univers. Nous sommes en sécurité sous le grand Tout, du microcosme de notre transformation intime, au macrocosme.
Nous pouvons alors invoquer. Invoquer notre année, nos projets, nos amours, car nous sommes et serons entendu·e·s, car le Tout nous écoute.
Notre cœur peut s'ouvrir totalement, et un instinct amoureux refait surface.
Patience, persévérance, résistance (contre l'adversité et les peurs) deviennent synonymes de processus.
Nous sommes pris·e·s par la main, pour marcher à nouveau, par l'élément eau des émotions et la polarité Yin du soutien. Ne craignons rien.

Je suis au cœur du Tout.

CENTRAGE

Exercice de la nouvelle lune

Posture de Qi Gong vers la mère céleste

Chasser les nuages.
si tu peux le redessiner à ta sauce :)

Ton kit de rituel (facultatif) + des vêtements amples et confortables
+ un tapis de yoga (ou une serviette ou couverture)
+ la nouvelle lune + toi

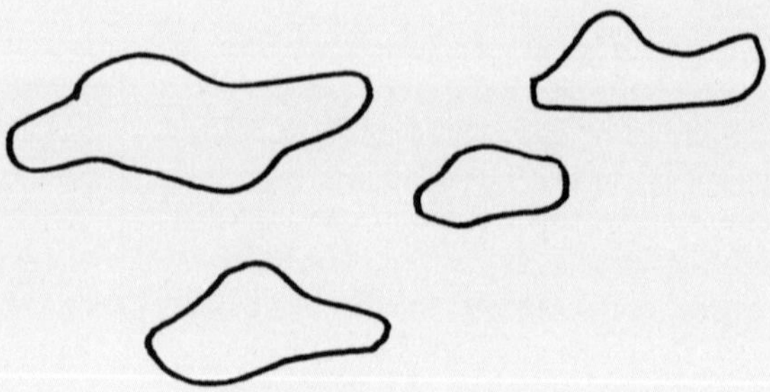

Le jour de la nouvelle lune, ou dans les 24 heures qui la suivent, enfile tes vêtements larges, essaie d'aller à l'extérieur, et si tu ne le peux pas, allume quelques bougies et/ou encens.
Fais le calme et le silence, pour te relier librement au Tout.
Veille à avoir au moins un mètre d'espace autour de toi pour effectuer les mouvements.
Puis commence ton Qi Gong.

SUR TON INSPIRATION :
Tends les jambes, et amène les bras vers le haut en faisant un demi-cercle devant toi. Ton regard suit les mains.
Dès que tes mains arrivent à la hauteur de ta tête, tourne les bras, mais sans changer la distance entre tes mains.
Tourne tes bras et tes mains jusqu'à ce que tes paumes regardent vers le ciel.
Le dos de ta main gauche se trouve maintenant au-dessus de la paume de ta main droite.
Ton regard reste toujours fixé sur tes mains.

SUR TON EXPIRATION :
Baisse latéralement tes bras en agrandissant le cercle qu'ils forment, jusqu'à ce que tes mains se retrouvent à hauteur de tes épaules.
Continue à baisser tes bras, et à les tourner, pour qu'ils dessinent un cercle de plus en plus petit, jusqu'à la hauteur de ton ventre.
Parallèlement au mouvement des bras, fléchis tes jambes, doucement.
Essaie de descendre tant que tu tiens l'équilibre, et que ton corps reste ancré et stable, c'est-à-dire que tes talons ne décollent pas du sol.

PUIS RESSENS :
Comme le centre de ton corps grandit avec la montée de tes bras.
Comme il s'étend aussi loin que ton imagination le permet.
Puis comment, dès que tes bras et ta tête redescendent, cet univers se réduit à tel point qu'il peut être enveloppé par le centre de ton corps, comme une balle.
L'augmentation et la réduction du centre du corps améliorent ton équilibre dans le ici et maintenant, et permettent de te recentrer.

Répète cet exercice autant de fois que tu le souhaites pendant toute la suite de la lunaison.

INTENTION

Exercice de la pleine lune

L'eau qui porte le désir

Amplifier les souhaits

Ton kit de rituel + un verre ou une tasse d'eau de source ou purifiée (ou de ton eau lunaire) + un morceau de papier + un stylo + la pleine lune + toi

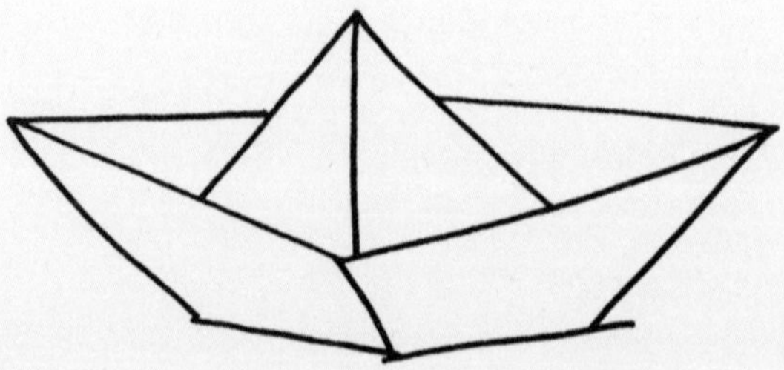

Pendant la pleine lune, les marées de la terre s'amplifient. Donc, pour amplifier les résultats de nos désirs, on va tout simplement les faire flotter sur l'eau.
La journée ou le soir de la pleine lune, installe calmement ton cercle et/ou ton autel.
Assieds-toi avec ton morceau de papier, ton stylo, et le verre d'eau posés devant toi.
Commence à respirer profondément sur un cycle de huit inspirations / expirations, ou fais une courte méditation.
Lorsque tu es prêt·e, visualise la lune pour t'y connecter (ou regarde-la directement par ta fenêtre), et écris ton souhait sur le papier.
Puis, dépose-le dans le verre rempli d'eau, et laisse-le flotter si possible exposé à la lumière de la lune.
Tu peux en faire plusieurs, la mère céleste est généreuse !
Quand tu as terminé, remercie la lune et l'Univers pour fermer le cercle.

Laisse tes désirs se laisser porter dans l'eau jusqu'au lendemain.

TRANSMUTATION

Rituel de la nouvelle lune ou de la pleine lune

(selon son arrivée pendant les 12 premiers jours de janvier)

Le début et la fin : L'alchimie de l'année solaire

Accompagner la lumière

Ton kit de rituel + un jeu de tarot de Marseille ou un oracle + la nouvelle ou pleine lune + toi

Un double rituel pour la lunaison de janvier.
Car cette période est un espace, un sas, une porte entre deux chemins, deux années solaires, deux aventures.
Pendant une année, ce sont les 12 signes du zodiaque qui seront visités, degré par degré, lune après lune. Comme un nouveau voyage, spécial, différent, totalement neuf.
Pas celui d'avant et pas celui d'après.
Cette période des fêtes est un processus alchimique.
On intègre le voyage passé, les 12 mois d'une année pendant ses 12 derniers jours, et on accueille les bénédictions de celle à venir, pendant les 12 premiers.

Une année cela se respecte, cela s'honore.
Dire qu'une année était nulle ou pas assez, revient à faire injure, à l'Univers, au temps, au pote de lumière qui nous a tenu·e par la main.
C'est aussi cela un anniversaire !
Non pas se célébrer soi, mais célébrer une année, une virée, une énergie, bonne ou mauvaise, simple ou tortueuse, accompagné·e·s toujours, par la lune, par le soleil, par nos luminaires.
Et il faut un temps.
Un temps pour dire au revoir à l'énergie de l'année d'avant, et un pour rencontrer celle de l'année qui vient.
Ce moment de transmutation entre deux années, entre un être de matière (toi, moi, nous) et une force de pure énergie, c'est celui de notre planète terre qui repart pour un tour, autour de sa source de vie.
C'est nous qui repartons pour un tour, autour de notre cœur.

12 cartes seront tirées les 12 derniers jours, en guise d'au revoir et de bilan, en guise de relâche du passé. Car il n'est pas question de rester dans l'année d'avant, l'ami de lumière sera parti, nous serons seuls dans la mémoire, refusant d'avancer, refusant de clôturer.
12 cartes pour les 12 premiers jours, car il n'est pas question de ne pas savoir où l'on va, de ne pas intentionner, souhaiter, les fameuses bonnes résolutions ne sont en fait qu'un « coucou c'est reparti » adressé joyeusement au nouvel ami, au nouveau chemin, à la nouvelle révolution.

Pendant les 12 derniers jours de décembre et les 12 premiers jours de janvier, tire un arcane majeur (ou une carte d'oracle) chaque jour.
Les 12 derniers jours de décembre marquent le bilan.
Les 12 premiers de janvier annoncent les 12 mois de l'année, comme une bande annonce.
Garde ces cartes sous ton oreiller ou sur ta table de nuit, en veillant à les regarder chaque matin afin de t'en imprégner, tout au long du processus des 24 jours qui portent les 24 lunes.
À l'issue de la période, place-les sur deux lignes, les 12 cartes bilans et les 12 cartes annonces.
Médite et ressens les liens.

Tu es prêt·e pour ton nouveau voyage !

Février

Lunaison des tempêtes ou lunaison des morts

Le courage du Premier
Se (re) commencer

Le roi chêne a récupéré sa force et gagne du terrain sur le roi houx, la roue de la vie tourne et les beaux jours reviennent, malgré les tempêtes silencieuses dehors.

C'est la fin de l'année énergétique et astrologique.
Elle a commencé en mars, dans les énergies du signe du Bélier, et se termine là, sur la dernière étape de la roue de la vie, et du zodiaque, en Poissons.
Plein·e·s d'espoir et de courage pour recommencer, repartir, renouveler, reprendre le dessus.
C'est une lunaison de commencements, et d'activité, avec un temps très particulier, qui passe à la vitesse de l'éclair. Dernier vrai mois d'hiver, février joue avec ses jours pour copier le cycle lunaire, de 28 à 29, et porte pourtant tous les germes de notre élan vital.
Nous sommes en pleine conscience, en pleine gratitude, et en pleine clarté, si nous parvenons à faire vibrer au plus haut les belles énergies proposées.
Clair·e·s sur ce que nous lâchons, conscient·e·s de ce que nous gardons.
Clair·e·s sur ce pourquoi nous sommes reconnaissant·e·s, et sur ce que nous n'amènerons pas. Plus.
La grande déesse est l'archétype de cette lunaison, le Yin sacré, le plus élevé, mais aussi le plus pur. Il nous offre une réappropriation du corps féminin, un nouveau respect de ce dernier, que nous soyons humaine ou humain.
Plus le choix, il faut s'ouvrir à la joie !
Plus le choix, il faut libérer les résidus toxiques transformés.
Plus le choix, il faut digérer, assimiler et accueillir.
Des énergies de purification et de libération sont fortement mobilisées durant cette lunaison, que tu le veuilles ou non.
Une guerrière se réveille à l'intérieur de toi (que tu sois un garçon, une fille, un canari encore une fois), une force intérieure, une amazone prête à te faire accoucher. De toi-même. D'une vie. D'un enfant.
Le nouveau cycle est là.
Un sacrifice des eaux usées, des émotions périmées (eaux = émotions) est en train de se faire, et tu peux te retrouver face à des choix relationnels. Face à un tri amical, familial, social, nécessaire.
Ton esprit est très éveillé, avec un lien au subtil qui ne fait que grandir pendant ce mois de février, porté par les éléments antagonistes terre et air. Ceux qui forment les éclairs, mais aussi les poussières.
Le principe Yin te guide, tour à tour déesse, vestale ou sorcière, mère, guerrière.
Le Yang t'allège de tous tes poids passés.
Avec une certaine rapidité, c'est vrai, il faut en finir et vite ! Il faut avancer, maintenant qu'on sait.
Garde le calme et la perspective, regarde, observe, écoute.
Des cadeaux sont arrivés, ou ne vont pas tarder, pourvu que tu veuilles les intégrer.

Que tu veuilles revenir à la vie, sur terre. T'incarner pleinement, une nouvelle fois.
Cette lunaison est aussi celle des départs de la maison, des émancipations, des progrès et évolutions.
Une lumière est forte et demande à sortir, qu'elle soit sous forme de guide ou de tempête, elle nourrit ton feu sacré, celui qui portera ce nouveau cycle. Attention à ne pas être ébloui·e, reste ancré·e !
Tu as la clarté. Tu es (r)éveillé·e.

Pendant cette lunaison je travaille sur :

- Mon éveil.
- Mon mental.
- Mes énergies féminines.
- Mon écologie intérieure.
- Mes progrès, apprentissages, inventions.
- Mon rapport à la réalité.
- Le moment présent.
- Mon potentiel.
- Mes routines, habitudes, relations, pour les rendre plus saines.

DO

V Je suis mon propre soleil (ou ma propre lune).
V Je sacrifie ce qui ne me sert plus.
V J'exploite mon plein potentiel.
V Je porte la vie (qu'elle soit biologique, mais aussi professionnelle, spirituelle).
V Je me fixe de nouveaux buts.
V J'entame un/des nouveau(x) cycle(s).
V Je commence une formation, un apprentissage.
V Je prends de la hauteur.

DON'T

× Je ne cède pas à l'hyperanalyse et aux cogitations sans fins.
× Je fais attention aux jugements et critiques que je porte (sur moi et les autres).
× J'oublie le passé.
× Je ne suis pas trop émotionnel·le.
× Je ne doute plus.

BONUS

\+ Je fais le choix d'aimer librement en l'ayant décidé de façon autonome et adulte.

QUESTIONS

› Suis-je dans le ici et maintenant ?
› Quel(s) espace(s) puis-je libérer pour accueillir un renouveau ?
› Dans quelles situations, relations, émotions ne vois-je pas clair ?
› Est-ce que je suis mûr·e ?
› Quel est mon feu sacré ? Suis-je prêt·e à le poursuivre contre vents et marées ?

La nouvelle lune des tempêtes

C'est la nouvelle lune du retour à la lumière, la dernière de l'année énergétique, celle du nouveau cycle.
La roue de la vie tourne et ne s'arrête jamais, alors nous repartons pour un *TOUT* !
Nos vœux, souhaits, visions, sont en mouvement pour devenir nos progrès.
Tout semble plus clair, ou en tout cas nous avons la possibilité réelle d'y voir plus clair.
Pour cela, un certain détachement émotionnel s'opère, par une rationalisation de nos actes et paroles.
C'est que nous nous élevons !
Nous coupons le cordon, comme un enfant devenu adulte et n'ayant plus besoin des bras de sa mère (ou de sa meuf !), plein de questions probablement, plein de demandes sûrement, mais prêt·e à recevoir.
Des messages, des téléchargements énergétiques en wifi depuis l'Univers, ou le Tout, ou le divin ou les Incas, ou ce que tu veux, sont envoyés. **C'est un moment où nous apprenons.**
D'ailleurs, une reprise d'études ou de formation est, pendant cette nouvelle lune, porteuse d'élévation.
Nous sommes dans une énergie très mentale, alors attention tout de même aux projections, et aux peurs par anticipation, de l'avenir, du lendemain, du plus loin.
C'est qu'on touche à l'infini, prêt·e·s à (s')inventer, à (s')éblouir de vérité et de réalité.
Cette période va vite et nous pousse vers l'avant, indépendant·e·s, alors prenons garde aux tempêtes intérieures et extérieures (relationnelles surtout), devenons notre propre paratonnerre !
Le principe Yang du ciel est puissant, comme un éclair, et l'élément air est comme une rafale de vent révolutionnaire, qui nous fait nous réinventer.
Et qui nous fait, au passage, libérer la place nécessaire pour accueillir la nouveauté, comme guidé·e·s.
Activons l'énergie de la tempérance, comme celle de l'arcane du tarot de Marseille représentant le signe du Verseau qui reçoit cette nouvelle lune, ce nouveau départ, en maintenant la mesure, surtout au niveau de notre mental : ni trop, ni trop peu, ni trop tôt, ni trop tard.
On se calme et on progresse, nous avons traversé le dur hiver.

J'y vois clair.

La pleine lune des morts

C'est la pleine lune de la grande déesse, celle du feu intérieur, celle de la naissance.
Celle du sacrifice, c'est-à-dire, selon l'étymologie de ce mot chargé, souvent à tort, de malheurs, de la convocation.
Sacrifier, c'est fabriquer du sacré, comme une vestale, comme Ishtar, Hathor ou Marie, comme une Vierge, signe astrologique de cette lune, comme une déesse, comme une sauvage, comme une guerrière.
Que nous soyons homme ou femme, cette énergie Yin plénière nous porte pendant une des pleines lunes les plus puissantes de l'année.
Pour sacrifier ce qui n'est plus utile, bon, ou sain.
Sacrifier l'année passée.
Notre corps comme un temple, nous comme son ou sa gardien·ne, notre cœur comme un foyer, celui du feu sacré.
Nous consacrons en vrai, nous tenons, à bout de bras, nous, notre année, nos familles, nos désirs, nos jobs, nos galères, nos peurs, nos doutes, nos joies.
Nous pouvons dès lors exploiter notre plein potentiel, comme enceint·e·s de nous-mêmes.
À maturité.
À terme.
Cette lune, c'est de l'accomplissement en barres de cent.
Alors nos capacités de divination, de purification, d'intuition, de reliance, de connexion, sont exacerbées. Nous pouvons presque tout sacraliser pendant ce mois charnière, à l'instar des maîtres et maîtresses du feu, ceux et celles qui portent l'impulsion de vie, ceux et celles qui portent l'action.
Démarrons nos projets, nos buts, nos relations, c'est un excellent moment !
Assainissons et purifions nos routes et missions, car c'est un commencement.
Une bonne base pour un nouveau départ. Une base propre, pleine, éclairée, débarrassée des schémas toxiques ou flous, des incertitudes ou doutes, des peurs.
Et quand bien même si du côté de l'émotionnel, on peut encore pas mal flipper !
Car la vibration basse de cette lune peut nous rendre très critiques envers nous-mêmes et l'autre, nous faire rester dans notre tête, dans nos détails, nos petits calculs, et passer à côté du foyer que nous sommes devenu·e·s. Récepteurs et réceptrices de la flamme.
Nous sommes mûr·e·s, et nos actions sont marquées par une grande fécondité.
Le principe Yin nous accompagne, pour générer la vie à venir, pendant les onze prochaines lunaisons.
Mais bien sur terre, les pieds bien ancrés, comme l'élément activé, pour sortir du mental et pleinement s'incarner.
Cela ne veut pas dire que notre spiritualité n'est pas élevée. Elle est, à ce moment-là de l'année, à son plus haut potentiel, car bien installée, entre ciel et terre.
La boucle est bouclée, les sacrifices proposés, la renaissance à la clé.
On shine bright like a diamond, comme dirait Rihanna, et Uranus qui porte ce mois, planète où il pleut des diamants, rien que ça !
Nous sommes précieux·ses, tu es précieux·se, ne l'oublie pas.

Je porte la lumière en moi.

CÉLÉBRATION

Exercice de la nouvelle lune

L'Autel

Créer son espace sacré de rituel

Ton kit de rituel + un tissu de ton choix + des feutres et/ou crayons + des branches, de la mousse ou une petite plante + un encens de sauge, santal ou eucalyptus + une coupelle d'eau ou un coquillage + du gros sel + une boussole + une plume + quelques cristaux, si tu en as + une bougie blanche + du fil rouge + la nouvelle lune + toi

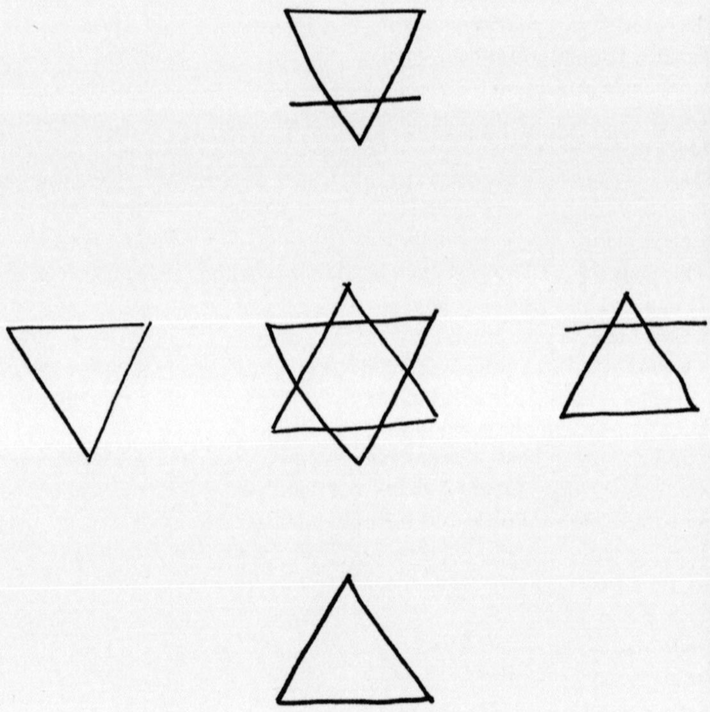

Avant de (re)partir pour une nouvelle année en phase avec les cycles lunaires, prends un moment pour dresser ton autel ou le nettoyer si tu l'as déjà fait.
À chaque nouvelle année, dresse un nouvel autel, pur et vierge de toute énergie passée.

Le jour de la nouvelle lune, installe-toi dans un endroit calme avec tout ton matériel. Prévois un petit meuble, un tabouret, un carton même, pour disposer ton autel (sur le sol, dans le coin d'une pièce, c'est aussi possible, sauf si tu as un chat curieux).
Pose le tissu et marque les quatre points cardinaux dessus à l'aide de ta boussole et des feutres.
Tu peux dessiner une étoile pentagramme qui les relie, si tu le souhaites, mais ça n'est pas obligatoire.

Marque le Nord, le Sud, l'Est et l'Ouest.
Il est temps de relier les éléments qui vont t'aider toute l'année.

Au point Nord : l'élément terre.
Place le gros sel dans une coupelle ou un petit bol, et les végétaux (brindilles, fleurs, plantes).
Au point Est : l'élément air
Place l'encens et la plume.
Au point Ouest : l'élément eau
Place le coquillage, et/ou la coupelle remplie d'eau purifiée (eau de source ou ton eau lunaire).
Au point Sud : l'élément feu
Place la bougie, autour de laquelle tu auras noué un morceau de fil rouge.
La reliance des éléments est ainsi faite.

Tu peux à présent décorer ton autel avec tous tes grigris et talismans, pierres, photos, objets, tout ce que tu voudras.
Une fois que tu as terminé, allume l'encens et la bougie, puis visualise la lune (même si tu ne la vois pas), pour activer l'autel.
Il est désormais prêt à t'accompagner tout au long de la prochaine année énergétique, autour de tes souhaits et intentions.

Si tu ne veux pas le laisser dressé à la vue de ton mec ou de ta voisine, tu peux dresser l'autel dans une boîte en carton, ou un coffre caché sous ton lit, que tu ressortiras à chaque nouvelle et pleine lune.

Rituel de la nouvelle lune

Le rituel rose

Souhaiter depuis le cœur

Ton kit de rituel + un stylo + un feutre + une feuille ou ton carnet + un quartz rose ou sélénite ou rhodonite (pierre ou bracelet, par exemple) + une bougie rose + la nouvelle lune + toi

Le soir de la nouvelle lune, installe ton cercle et/ou autel, puis assieds-toi au calme avec tes artefacts.
Visualise la lune par une douce et lente respiration, ou une petite méditation.
Quand tu es prêt·e, allume la bougie rose placée au centre du cercle, devant toi.
Veille à être installé·e très confortablement, tapis, coussins, montagne de plaids, comme dans un cocon.
Si tu as des pierres, entoure-toi de celles-ci.

Trace sur ta feuille ou une page de ton carnet, un grand ovale avec le feutre.
J'aime prendre le violet, mais utilise la couleur qui te parle le plus.

À l'intérieur de l'ovale, en haut, note :
Je laisse partir... ou encore *Je relâche...*
ou *Je libère...*
Tout ce qui signifiera pour toi le fait de laisser aller ce qui ne te sert plus.
Puis complète avec tout ce qui va quitter ta vie, et ainsi laisser la place pour le nouveau, crée de l'espace dans ton ovale et dans ton cœur.

Au milieu de l'ovale :
Je souhaite... ou J'attire à moi...
Puis complète avec tout ce que tu désires faire entrer dans ta vie pour ce nouveau cycle à venir.
Tu peux prendre une autre page, si ça fait beaucoup !
Ne te limite pas !

Quand tu as terminé, en bas de l'ovale, mais toujours à l'intérieur, note cinq choses pour lesquelles tu es reconnaissant·e, et pour lesquelles tu souhaites exprimer ta gratitude envers la lune et l'Univers.
Merci pour... ou Je suis reconnaissant·e de...

Quand tu as tout écrit, allonge-toi, et commence à imaginer que tu reçois tout ce que tu as demandé, et que tu libères tout ce que tu as demandé.
Tu peux le faire en tenant ta sélénite dans la main, ça sera encore plus puissant.
Autorise-toi à voir tout se réaliser, ressens les émotions que tu vivras, plonge dans ton cœur, prends autant de temps que tu le désires pour te remplir de tes rêves.
Les émotions positives t'envahissent.
Tu peux maintenant fermer ton journal ou plier ta feuille, puis remercier l'Univers et la lune, comme si tout ce que tu avais demandé tu l'avais déjà reçu, avec certitude et confiance.

Souffle la bougie pour fermer le cercle, et fais bien attention à ce que tu as écris, tous tes vœux pourraient bien être exaucés !

Exercice de la pleine lune

Le bain d'Éros

Nettoyer l'aura

Ton kit de rituel (facultatif) + une bonne poignée de clous de girofle + une casserole en inox + de l'eau de source (ou ton eau lunaire) + un bâton de sauge blanche ou de palo santo + des bougies blanches + une baignoire + la pleine lune + toi

Le soir de la pleine lune, commence par réaliser ton infusion de clous de girofle.
Cette épice a pour vertu millénaire de nettoyer l'aura et de purifier tes corps énergétiques en profondeur.
Le fait de réaliser l'infusion avant le bain va permettre au clou de girofle de libérer toute sa puissance, en concentrant ses énergies.

Dans une grande casserole en inox, fais bouillir de l'eau puis jette dedans une grosse poignée de clous de girofle. Coupe le feu, et laisse macérer pendant quinze minutes.
Transvase alors la préparation dans un bocal hermétique (comme un pot de confiture), il te suffira d'ajouter l'infusion à ton bain lorsque tu le souhaites.
C'est le moment de la purification de ta salle de bains avec le bâton de sauge ou palo santo en visualisant la lune, et en respirant tranquillement, mais profondément.
Aère ensuite quelques minutes.
Fais couler ton bain, tu peux mettre de la musique douce, et disposer les bougies sur le rebord de tabaignoire, en toute sécurité.
Ajoute alors ton infusion de clous de girofle dans l'eau de ton bain de lune.
Profite de ce bain longuement, ressens et visualise le nettoyage énergétique de ton aura, en prenant conscience du travail du clou de girofle sur ton corps, tes pensées, ton cœur.
Quand tu auras terminé, mais prends tout ton temps car c'est ton moment, lève-toi et rince-toi abondamment à l'eau claire.
Demande, pendant cette douche, que l'eau emporte avec elle tout ce qui ne te sert plus, te parasite, techarge, te brouille.
Tu peux laisser brûler les bougies jusqu'à leur fin, ce qui signifiera l'arrêt de l'exercice de nettoyage de l'aura, même si tu n'es plus dans ton bain.

Si tu n'as pas de baignoire, utilise l'infusion dans une carafe sous ta douche.

CRÉATIVITÉ

Rituel de la pleine lune

La *Love letter*

Invoquer l'amour

Ton kit de rituel + une feuille blanche ou ton carnet + un stylo + du vin blanc sucré + des pétales de fleurs + un plat ou une assiette creuse en céramique + un bijou ou un objet personnel + la pleine lune + toi + de l'amour

Parler de *love* en pleine lune, c'est presque quelque chose d'obligatoire ! C'est en effet là que l'énergie de notre Yin premier est la plus forte, féminine, romantique, aimante, sensuelle, sexuelle même ! Créative en fait.
Écrivons-lui une lettre pour invoquer l'amour.

Après avoir installé ton autel et/ou ouvert ton cercle, assieds-toi au calme et au chaud, tranquillement.
Respire profondément huit fois, et visualise la lune (ou regarde-la, c'est encore mieux) au-dessus, et la terre en dessous, toi bien au milieu, entre ciel et terre, ici et maintenant.
Commence à écrire une lettre d'amour.
Une lettre où tu mettras tout ce que tu souhaites atteindre comme objectifs amoureux, ou tout ce que tu souhaites dire à ton / ta *crush* ou âme sœur éperdu·e, avec le plus de détails possible !
Si tu l'écris avec une plume c'est encore plus cool, mais ne t'inquiète pas, un bic c'est joli aussi.
Sois inspiré·e !

Une fois la lettre terminée, place-la dans le plat en céramique, et recouvre-la de vin blanc (tu peux t'en servir un verre aussi, avec modération, car c'est ton moment !).
Ajoute les pétales de fleur, et un objet personnel, comme un bijou, une chaîne, une bague ou un bracelet, un porte-clés tour Eiffel, un chargeur USB (ah non pas le chargeur, car le vin, il ne va pas aimer...).
Si le bijou est en or, le rituel n'en sera que plus puissant.
Ferme le cercle, souffle les bougies et les encens, puis place le plat dans un endroit sûr, à la lumière de la lune si possible.

Laisse la lune observer et lire ta lettre toute la nuit, et avant les premiers rayons du soleil, reprends ton objet ou ton bijou. Porte-le toujours sur toi à partir de cet instant.

Remercie alors la lune, mère primordiale, femme primordiale, maîtresse de l'émotion, qui l'a chargé de sa force d'amour et de son magnétisme pour t'aider à attirer, ou concrétiser, l'amour.

Fin de l'année énergétique

Épilogue

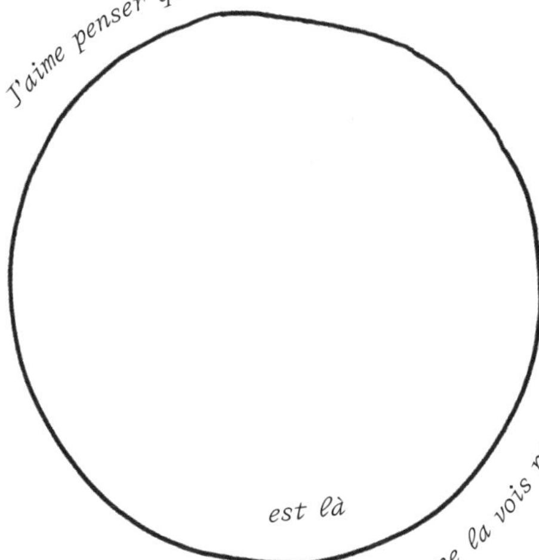

J'aime penser que la lune est là même si je ne la vois pas

(Albert Einstein)

La 13e lune

Et puis parfois une treizième lune arrive, pleine.

Une treizième lune comme si elle était le fruit long et mature des douze lunaisons.
Une supplémentaire, bonus, presque imprévue.
Une lune bleue, et pas pour sa couleur ou une quelconque donnée physique, mais pour son appellation, inspirée d'une expression anglo-saxonne de liberté et d'espoir.
Blue moon, s'ils prétendent que la lune est bleue, nous devons croire que c'est vrai.
Un **once in a blue moon**, un tous les trente-six du mois en français, qui désigne quelque chose qui survient très rarement ou jamais.
Presque jamais.
Et c'est ce qu'elle nous fait comprendre.
Comme elle, nous sommes le résultat de notre année.
Certaines années avec, certaines sans.
Comme une 13e lumière qui se montre parfois, et grandit le reste du temps.
Somme des douze premières.
Pas à chaque fois non. Mais parfois elle s'incarnera, et parfois elle se reposera, comme toi, comme moi.
Certaines années sont pleines et d'autres un peu moins remarquables, mais pourtant, elles te font toutes briller pleinement de temps en temps.

LUNAISON BONUS
la lune bleue ou lune des buts
La 13e lune et le 5e élément
La clairvoyance du Premier Voir

Tous les 2 ou 3 ans, une 13e lune se cale, la dernière **once in a blue moon** était en 2018, la prochaine sera en octobre 2021, pour accompagner ce carnet.
Elle permet de fixer des nouveaux buts, des nouveaux objectifs avec une grande, très grande, clarté d'esprit.
Fruit de tous les éveils de l'année, et de celles qui sont passées.
Pendant cette pleine lune spéciale et rare, nous identifions complètement nos erreurs et bêtises, certain·e·s appellent ça de la clairvoyance.
Oui, nous devenons clairvoyant·e·s. Tous·tes.
Avec des capacités d'introspection, voire même de divination, de trouver les bons numéros (du Loto, sur Tinder ou au boulot).
Les leçons karmiques sont débloquées, avec force. Une grande puissance est à notre disposition, comme un bonus spécial évolution.
La couleur bleue, qui lui est associée, n'est pas si anecdotique.
Le bleu symbole de sagesse, de justice et de foi. Talisman porté par les Égyptien·nes et Mésopotamien·nes, signe de vérité depuis l'Antiquité et couleur céleste, du divin. Du sacré, au Moyen Âge.
Aujourd'hui très fortement relié à la spiritualité, l'indigo, comme ultime vibration, le bleu couleur de l'eau, donc de la lune à son état originel en Cancer, donc des émotions.
Mais le bleu est avant tout la couleur du ciel sans nuages, de l'idée que l'on se fait de l'invisible, le bleu de l'infini céleste, association du vide et de la lumière, domaine de l'esprit immatériel et de la transcendance, donc du Soi.

Le bleu représente la pureté de l'éther. Ce 5e élément qui existe dans la sagesse chinoise par exemple, mais pas en nos contrées d'Occident. C'est celui qui porte cette lunaison.
Celui qui est la marque de l'homme qui a réussi à s'extraire de la matière, en parfaite humilité.
Dans de nombreuses traditions, le bleu est donc synonyme de sobriété, de sagesse, de **sérénité** et de paix, d'universalité.
Et la vibration de ce bleu, qui est tout ce qui englobe tout.
Au-delà du Yin/Yang, de toutes les dualités, ne serait-elle pas l'amour ?
Alors, selon les années qui ont la chance de la voir briller, cette pleine lune portera tour à tour la polarité Yin ou Yang, elle est en fait harmonisée aux deux.
Elle nous permet de marquer nos évolutions, progressions, et n'arrive jamais par hasard, puisque tu sais bien que le hasard n'existe pas entre les astres et toi.
J'évolue.

Le 5e élément : éther
Il impacte en Chine une intersaison qui a lieu tous les deux ou trois mois.
Il est en fait la transition entre chacune des quatre périodes, feu-printemps, eau-été, air-automne et terre-hiver.
On repasse toujours par la terre et l'humide entre chaque saison, on repasse toujours par l'éther.

Ainsi, entre chaque période, on pourra relier, comme pour les traverser, l'humide :
L'humide – La transition
La licorne jaune. La couleur jaune
Le centre
L'éther
Intersaison

Une saison de transition, et une rare lunaison, car rien n'est figé. C'est chaque année que tu t'inventes, te réinventes, que tu (te) fais naître, progresser, évoluer. Porté·e par des rythmes.
Des phases. Un espace-temps. Des cycles.
Alors avec ce carnet peut-être, c'est à un état naturel, en toute synchronicité, que je te propose de revenir, celui des jours et des nuits, des soirs et des matins, des froids et des alizés, des hauts et des bas, des débuts et des fins, des vides et des pleins. De toutes ces couches si nombreuses qu'il faut pénétrer, traverser, pour faire entrer l'invisible dans la matière, dans notre vécu matériel, quotidien.
Pour fabriquer, manifester, concrétiser. De l'amour, des enfants et des diplômes, une carrière, une croyance, un corps.
Pour faire entrer l'esprit dans la matière.
Année après année.
Pour s'incarner.

Vivre en phase avec la lune, c'est vivre en phase avec son petit soi dedans, ce carnet comme jouet, l'astre mère céleste pour le guider.
Et parfois, faire briller la 25e lune.

Éphémérides lunaires

2021—2024

2021

○ nouvelle lune	Poissons	13/03/2021	11:22
● super pleine lune	Balance	28/03/2021	20:49
○ nouvelle lune	Bélier	12/04/2021	04:32
● super pleine lune (super lune rose)	Scorpion	27/04/2021	05:33
○ nouvelle lune	Taureau	11/05/2021	21:01
● super pleine lune (éclipse)	Sagittaire	26/05/2021	13:15
○ nouvelle lune	Gémeaux	10/06/2021	12:54
● pleine lune	Capricorne	24/06/2021	20:41
○ nouvelle lune	Cancer	10/07/2021	03:18
● pleine lune	Verseau	24/07/2021	04:38
○ nouvelle lune	Lion	08/08/2021	15:51
● pleine lune	Verseau	22/08/2021	14:03
○ nouvelle lune	Vierge	07/09/2021	02:53
● pleine lune	Poissons	21/09/2021	01:56
○ nouvelle lune	Balance	06/10/2021	13:07
● pleine lune	Bélier	20/10/2021	16:58
○ nouvelle lune	Scorpion	04/11/2021	22:16
● pleine lune (éclipse)	Taureau	19/11/2021	09:59
○ nouvelle lune	Sagittaire	04/12/2021	08:44
● pleine lune	Gémeaux	19/12/2021	05:37

2022

○ nouvelle lune	Capricorne	02/01/2022	19:35
● pleine lune	Cancer	18/01/2022	00:51
○ nouvelle lune	Verseau	01/02/2022	06:49
● pleine lune	Lion	16/02/2022	17:59
○ nouvelle lune	Poissons	02/03/2022	18:38
● pleine lune	Vierge	18/03/2022	08:20
○ nouvelle lune	Bélier	01/04/2022	08:27
● pleine lune	Balance	16/04/2022	20:57
○ nouvelle lune	Taureau	30/04/2022	22:30
● pleine lune (éclipse)	Scorpion	16/05/2022	06:15
○ nouvelle lune	Gémeaux	30/05/2022	13:32
● Super pleine lune	Sagittaire	14/06/2022	13:52
○ nouvelle lune	Cancer	29/06/2022	04:53
● Super pleine lune	Capricorne	13/07/2022	20:38
○ nouvelle lune	Lion	28/07/2022	19:55
● pleine lune	Verseau	12/08/2022	03:36
○ nouvelle lune	Vierge	27/08/2022	10:16
● pleine lune	Poissons	10/09/2022	11:58
○ nouvelle lune	Balance	25/09/2022	23:54
● pleine lune	Bélier	09/10/2022	22:54
○ nouvelle lune	Scorpion	25/10/2022	12:48
● pleine lune (éclipse)	Taureau	08/11/2022	12:02
○ nouvelle lune	Sagittaire	23/11/2022	23:57
● pleine lune	Gémeaux	08/12/2022	05:09
○ nouvelle lune	Capricorne	23/12/2022	11:17

2023

● pleine lune	Cancer	07/01/2023	00:09
○ nouvelle lune	Capricorne	21/01/2023	21:55
● pleine lune	Lion	05/02/2023	19:30
○ nouvelle lune	Verseau	20/02/2023	08:09
● pleine lune	Vierge	07/03/2023	13:42
○ nouvelle lune	Poissons	21/03/2023	18:26
● pleine lune	Balance	06/04/2023	06:37
○ nouvelle lune	Bélier	20/04/2023	06:15
● pleine lune (éclipse)	Scorpion	05/05/2023	19:36
○ nouvelle lune	Taureau	19/05/2023	17:55
● pleine lune	Sagittaire	04/06/2023	05:43
○ nouvelle lune	Gémeaux	18/06/2023	06:39
● pleine lune	Capricorne	03/07/2023	13:40
○ nouvelle lune	Cancer	17/07/2023	20:33
● pleine lune	Capricorne	01/08/2023	20:33
○ nouvelle lune	Lion	16/08/2023	11:38
● pleine lune (lune bleue)	Verseau (jusqu'à 6h24) Poissons	31/08/2023	03:37
○ nouvelle lune	Vierge	15/09/2023	03:40
● pleine lune	Poissons	29/09/2023	11:58
○ nouvelle lune	Balance	14/10/2023	19:55
● pleine lune (éclipse)	Bélier	28/10/2023	22:24
○ nouvelle lune	Scorpion	13/11/2023	10:27
● pleine lune	Taureau	27/11/2023	10:16
○ nouvelle lune	Sagittaire	13/12/2023	00:32
● pleine lune	Gémeaux (jusqu'à 4h40) Cancer	27/12/2023	01:33

2024
(Année bissextile)

○	nouvelle lune	Capricorne	11/01/2024	12:58
●	pleine lune	Cancer	25/01/2024	18:54
○	nouvelle lune	Verseau	10/02/2024	00:00
●	pleine lune	Lion	24/02/2024	13:31
○	nouvelle lune	Poissons	10/03/2024	10:02
●	pleine lune (éclipse)	Balance	25/03/2024	08:01
○	nouvelle lune	Bélier	08/04/2024	20:23
●	pleine lune	Scorpion	24/04/2024	01:51
○	nouvelle lune	Taureau	08/05/2024	05:24
●	pleine lune	Scorpion	23/05/2024	15:55
○	nouvelle lune	Gémeaux	06/06/2024	14:40
●	pleine lune	Capricorne	22/06/2024	03:10
○	nouvelle lune	Cancer	06/07/2024	00:59
●	pleine lune	Capricorne	21/07/2024	12:19
○	nouvelle lune	Lion	04/08/2024	13:14
●	pleine lune	Verseau	19/08/2024	20:28
○	nouvelle lune	Vierge	03/09/2024	03:56
●	pleine lune (éclipse)	Poissons	18/09/2024	04:36
○	nouvelle lune	Balance	02/10/2024	20:50
●	pleine lune	Bélier	17/10/2024	13:27
○	nouvelle lune	Scorpion	01/11/2024	13:48
●	pleine lune	Taureau	15/11/2024	22:29
○	nouvelle lune	Sagittaire	01/12/2024	07:22
●	pleine lune	Gémeaux	15/12/2024	10:02
○	nouvelle lune	Sagittaire	30/12/2024	23:27

LES CARTES REFLETS

Aux alentours des pleines et nouvelles lunes, on rencontre souvent des synchronicités.
De heureux hasards que Carl Gustav Jung fut le premier à nommer et à intégrer dans sa pratique de psychologie analytique, en les reliant au concept de l'inconscient collectif.
Pour Carl Gustav Jung, être réceptif à ces signes et coïncidences, qui résonnent en nous par leur sens et non par leur cause, permet de développer notre intuition.
Images, chansons, mots simultanés, arc-en-ciel, ou encore nos chères heures miroirs.
Des heures doubles, séries de chiffres se reflétant les uns aux autres que nous n'arrêtons pas de voir dès qu'une lune pointe le bout de son croissant.

Il existe 24 heures miroirs directes, activées quand la lune est forte, ou quand nous nous sentons très connectés.
Elles la reflètent.

Détache tes 24 cartes reflets et utilise-les comme des oracles.

À chaque pleine ou nouvelle lune, ou dès que tu sens que la lune et ton intuition ont quelque chose à te dire, tire une ou deux cartes reflets lunaires et laisse-toi guider par leur synchronicité.